JN074864

そう言えばいいのか！

2行で

伝わる英会話

高橋基治

Takahashi Motoharu

デルタプラス

はじめに

おかげさまで拙著「マンガでおさらい中学英語」シリーズ（**共著 KADOKAWA**）が、20万部を超えるベストセラーになりました。もう一度、英語を基本から学び直したい、というニーズが背景にあったからだと思います。一方で、基礎はわかったから、もっとその先に進みたい、実際に英語を使って会話をしてみたいという声も耳にするようになりました。

ところが、それに見合った良い書籍がなかなか見当たらない、という現状があることもわかりました。そこで生まれたのが本書です。

本書には、「マンガでおさらい中学英語」シリーズにスペースの関係で泣く泣くカットした内容も盛り込んであります。そして、相手に**「こころ」**、つまり**英語で「気持ち」や「思い」がスッと伝わる表現**と、会話で参考になる有益な情報がたくさん掲載されています。採用している**英文はほぼ2行程度でおさまるものばかり**なので、負担も少なく、気楽に取り組めるはずです。本書には以下のような特徴があります。

オンライン英会話でも使える「質問力」と「自分を語る力」

本書は「英語で自分を語れる」をテーマに、仲間内で普段よく話す話題（**性格、人間関係、健康、仕事、恋愛、日本のことなど**）を取り上げているので、**「自分のことを話す」と「相手に質問する」の両方が英語でできるようになります**。対面はもちろん、今人気のオンライン英会話などで必要とされている英語力は、まさにこの**「自分を語る力」**と**「相手への質問力」**なのです。

日本人とネイティブの答え方の違いがわかる

本書を執筆する上で、性別、年代、職業、英語力の異なる日本人と、ネイティブ（**アメリカ、イギリス、カナダ**）に同じ質問に答えてもらいました。そして、両者の返答を比較することで、**日本人が話す英語の癖や、ネイティブの答え方から見える物の捉え方などがより理解しやすい**作りにしました。

新しい「発見」や「気づき」が得られる

解説には、よりよい単語・文法・表現の説明など、きちんとした英語にするためのコツを豊富に盛り込み、無料で手に入るインターネットやYouTubeの情報とは一味違った説明も加えました。本書を読み進めていけばいくほど、「あっ、そうなんだ!」「そういうことだったんだ!!」が実感できると思います。

例えば、よく「頑張ります」のつもりで I'll do my best. と言う人がいます。これは「やるだけやってみます。ただし結果は約束できませんが」とどちらかというと後ろ向きのニュアンスを持っています。こういうときは **I'll work hard.** の方が前向きで適切な言い方になります。

また、興味があるものを聞かれ、I'm interested in an action movie.「アクション映画に興味があります」と答えた場合、文法的には間違いではありませんが、これだと an action movie になっているので、「とある1つのアクション映画」になってしまいます。ここは総称を表す **action movies** と複数形にするのが英語では一般的です。

このように、自分がうっかりやってしまっているかもしれないミスの修正に役立つ解説を心掛けました。

ワンポイントアドバイスで回答に厚みを

各節の最後にワンポイントアドバイスとして、日本人とネイティブに見られる回答傾向や、関連する語彙、表現、文法、文化などを紹介し、さらに深堀りした解説や発展的表現を加えました。ワンポイントアドバイスの内容を理解することで、質問の対応力に厚みをつけることができます。

本書は以下のような人におすすめします

・自分のことを英語でいろいろ言いたいけれど、何をどう言えばいいのかわからない方

・返事が Yes や No だけで終わってしまい、単調になりがちな方

・会話で相手に何を聞けばいいのか、またそれを英語でどう言えばいいのかがわからない方

そして、高校、大学受験で英語を勉強したのに、あるいは英検やTOEICなどの検定試験でもそれなりのスコアを取れているのに、どうも**カジュアルな日常の雑談が苦手という方**にも役立つはずです。

ぜひ本書を使って**会話がはずむ答え方や質問力を身につけて、英語で「もっと言える、もっと話せる」を実感してみてください。**

最後に本書にご協力いただいたモニターの日本人回答者及び、ネイティブスピーカーの皆様に、この場を借りてお礼を申し上げます。ありがとうございました。

2021年4月
高橋基治

本書の構成

回答紹介ページ

各節のテーマに沿った「質問」、2人分の「日本人の回答例」、アメリカ人、イギリス人、カナダ人の3人分の「ネイティブの回答例」を掲載しています。どれも2行程度の簡潔な英文ばかり。日本人回答者の返答は、必ずしも英文として正しいものばかりではありません。解説やネイティブの回答を参考に、「そう言えばいいのか」と納得できた箇所を取り入れて、こころが伝わる自分だけのマイフレーズを完成させましょう。

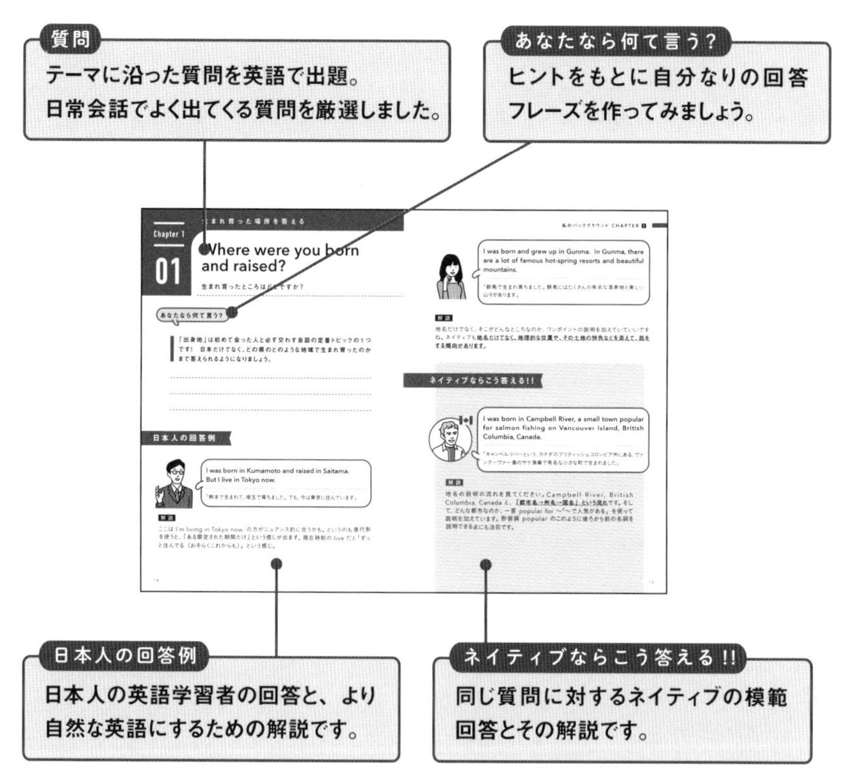

解説ページ

「ワンポイントアドバイス」では関連情報や発展的表現を紹介し、「今回のまとめ」では覚えておきたいポイントをまとめています。

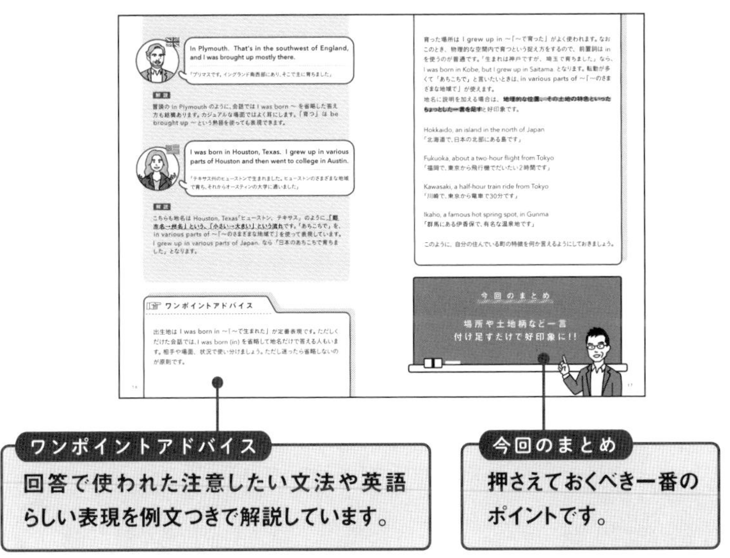

In Plymouth. That's in the southwest of England, and I was brought up mostly there.

「プリマスです。イングランド南西部にあり、そこで主に育ちました」

解説

冒頭の in Plymouth のように、会話では I was born ～ を省略した答え方も結構あります。カジュアルな場面ではよく耳にします。「育つ」は be brought up ～という熟語を使っても表現できます。

I was born in Houston, Texas. I grew up in various parts of Houston and then went to college in Austin.

「テキサス州のヒューストンで生まれました。ヒューストンのさまざまな地域で育ち、それからオースティンの大学に通いました」

解説

こちらも地名は Houston, Texas「ヒューストン、テキサス」のように、「都市名→州名」という、「小さい→大きい」という流れです。「あちこちで」を、in various parts of ～「～のさまざまな地域で」を使って表現しています。I grew up in various parts of Japan. なら「日本のあちこちで育ちました」となります。

ワンポイントアドバイス

出生地は I was born in ～「～で生まれた」が定番表現です。ただしくだけた会話では、I was born (in) を省略して地名だけで答える人もいます。相手や場面、状況で使い分けましょう。ただし迷ったら省略しないのが原則です。

育った場所は I grew up in ～「～で育った」がよく使われます。なおこのとき、物理的な空間内で育つという捉え方をするので、前置詞は in を使うのが普通です。「生まれは神戸ですが、埼玉で育ちました」なら、I was born in Kobe, but I grew up in Saitama. となります。転勤が多くて「あちこちで」と言いたいときは、in various parts of ～「～のさまざまな地域で」が使えます。

地名に説明を加える場合は、地理的な位置、その土地の特色といったちょっとした一言を足すと好印象です。

Hokkaido, an island in the north of Japan

「北海道で、日本の北部にある島です」

Fukuoka, about a two-hour flight from Tokyo

「福岡で、東京から飛行機でだいたい2時間です」

Kawasaki, a half-hour train ride from Tokyo

「川崎で、東京から電車で30分です」

Ikaho, a famous hot spring spot, in Gunma

「群馬にある伊香保で、有名な温泉地です」

このように、自分の住んでいる町の特徴を何か言えるようにしておきましょう。

今回のまとめ

場所や土地柄など一言付け足すだけで好印象に!!

ワンポイントアドバイス

回答で使われた注意したい文法や英語らしい表現を例文つきで解説しています。

今回のまとめ

押さえておくべき一番のポイントです。

使い回しがきく回答のまとめ集

各節の質問の別回答を章末に掲載しています。たくさんの回答例に目を通して、マイフレーズを作る際の参考にしてください。

Chapter 1 私のバックグラウンド

使いまわしがきく回答のまとめ集

ここでは、Chapter 1で出てきた質問の別回答を紹介します。英文で使われている語句や構文を活用して、自分バージョンの回答文を完成させましょう。

I was brought up in Okinawa.

「沖縄で育ちました」

My hometown is where I was born.

「生まれたところで育ちました」

My hometown is famous for its delicious soba noodles.

I come from a very small town in Nagano.

We are a close family.

I was raised by strict parents.

I was raised to be an independent thinker.

Every year, I go on some trips abroad with my family.

I had a part-time job at a Japanese-style pub in my student days.

I was active as a member of a tennis club.

Contents

Chapter 1 私のバックグラウンド

Chapter 2 私の性格

Chapter 3 私の好きなこと

Chapter 4 私の人間関係

Chapter 5 私の健康生活

Chapter 6 私の仕事

Chapter 7 私の恋愛・結婚観

Chapter 8 日本について思うこと

Chapter 9 私の意見・イマジネーション

ブックデザイン　山之口正和 + 沢田幸平（OKIKATA）
イラスト　伊藤美樹
DTP　hasega-design
執筆協力　Don Cameron　Paul R. Underwood　S.L. Surovec
網野弘毅／深井紀子／林淳／片山峻河／国生莉奈／峯淳子／
田中千賀子／田中聖子／和田眞里

Chapter 1

私のバックグラウンド

01 Where were you born and raised?

生まれ育ったところはどこですか?

あなたなら何て言う?

「出身地」は初めて会った人と必ず交わす会話の定番トピックの1つです! 日本だけでなく、どの県のどのような地域で生まれ育ったのかまで答えられるようになりましょう。

日本人の回答例

I was born in Kumamoto and raised in Saitama. But I live in Tokyo now.

「熊本で生まれて、埼玉で育ちました。でも、今は東京に住んでいます」

解説

ここは I'm living in Tokyo now. の方がニュアンス的に合うかも。というのも**進行形を使うと、「ある限定された期間だけ」という感じが出ます**。現在時制の live だと「ずっと住んでる(おそらくこれからも)」という感じ。

I was born and grew up in Gunma. In Gunma, there are a lot of famous hot-spring resorts and beautiful mountains.

「群馬で生まれ育ちました。群馬にはたくさんの有名な温泉地と美しい山々があります」

解説

地名だけでなく、そこがどんなところなのか、ワンポイントの説明を加えていていいですね。ネイティブも**地名だけでなく、地理的な位置や、その土地の特色などを添えて、話をする傾向があります**。

ネイティブならこう答える!!

I was born in Campbell River, a small town popular for salmon fishing on Vancouver Island, British Columbia, Canada.

「キャンベルリバーという、カナダのブリティッシュコロンビア州にある、ヴァンクーヴァー島のサケ漁業で有名な小さな町で生まれました」

解説

地名の説明の流れを見てください。Campbell River, British Columbia, Canada と、**「都市名→州名→国名」という流れ**です。そして、どんな都市なのか、一言 popular for ～「～で人気がある」を使って説明を加えています。**形容詞 popular のこのように後ろから前の名詞を説明できる**点にも注目です。

In Plymouth. That's in the southwest of England, and I was brought up mostly there.

「プリマスです。イングランド南西部にあり、そこで主に育ちました」

解 説

冒頭の In Plymouth のように、会話では I was born ～ を省略した答え方も結構あります。カジュアルな場面ではよく耳にします。**「育つ」は be brought up ～** という熟語を使っても表現できます。

I was born in Houston, Texas. I grew up in various parts of Houston and then went to college in Austin.

「テキサス州のヒューストンで生まれました。ヒューストンのさまざまな地域で育ち、それからオースティンの大学に通いました」

解 説

こちらも地名は Houston, Texas「ヒューストン、テキサス」のように**「都市名→州名」という、「小さい→大きい」という流れ**です。「あちこちで」を、**in various parts of ～「～のさまざまな地域で」**を使って表現しています。I grew up in various parts of Japan. なら「日本のあちこちで育ちました」となります。

ワンポイントアドバイス

出生地は **I was born in ～「～で生まれた」**が定番表現です。ただしくだけた会話では、I was born (in) を省略して地名だけで答える人もいます。相手や場面、状況で使い分けましょう。ただし迷ったら省略しないのが原則です。

育った場所は **I grew up in ～「～で育った」** がよく使われます。なおこのとき、物理的な空間内で育つという捉え方をするので、前置詞は in を使うのが普通です。「生まれは神戸ですが、埼玉で育ちました」なら、I was born in Kobe, but I grew up in Saitama. となります。転勤が多くて「あちこちで」と言いたいときは、**in various parts of ～「～のさまざまな地域で」** が使えます。
地名に説明を加える場合は、**地理的な位置、その土地の特色といったちょっとした一言を足す**と好印象です。

Hokkaido, an island in the north of Japan
「北海道で、日本の北部にある島です」

Fukuoka, about a two-hour flight from Tokyo
「福岡で、東京から飛行機でだいたい2時間です」

Kawasaki, a half-hour train ride from Tokyo
「川崎で、東京から電車で30分です」

Ikaho, a famous hot spring spot, in Gunma
「群馬にある伊香保で、有名な温泉地です」

このように、自分の住んでいる町の特徴を何か言えるようにしておきましょう。

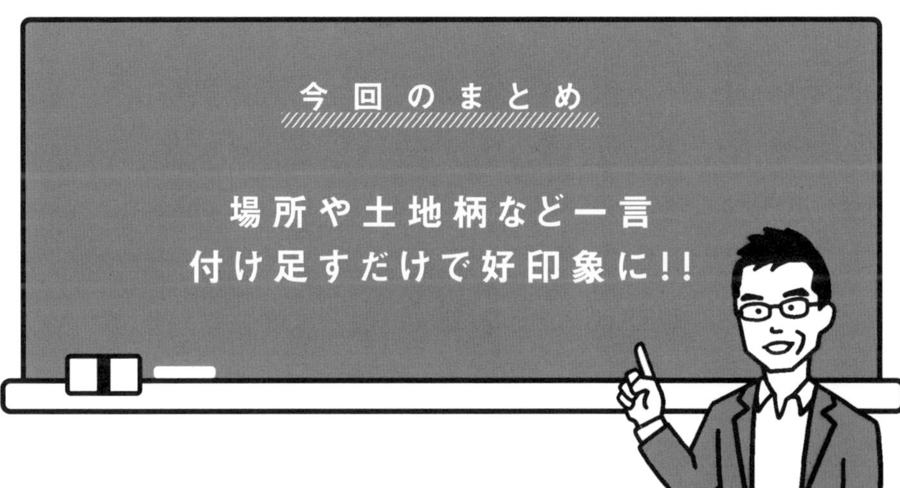

02 Can I ask about your family makeup?

家族構成について聞いてもいいですか?

あなたなら何て言う?

家族も扱いやすい話題ですね。両親がいて、兄弟は何人でといった家族構成だけでなく、家族の属性や特徴を添えられると、次の質問へとつながっていくかも!?

日本人の回答例

Of course. No problem.
I have a wife, a daughter and a son.

「もちろん、問題ありません。私には妻と娘、息子がいます」

解説

No problem. も「問題ない」→「もちろんです」という意味で使えます。この表現「お安い御用です」のようにややカジュアルな響きも。「〜がいる」は、英語では I have 〜 と所有を表すのが特徴です。

Sure, I'm living with my husband.
I have two children and they are independent.

「もちろん。夫と暮らしています。子供が2人いて独立しています」

解説

Chapter 1-01（P14）でも触れましが、進行形を使うと「ある限定された期間だけ」というニュアンスにもとられる可能性が。そうでなければ、**I live with my husband.** と**現在時制**に。they are independent. は「子供たちは独立心がある」とも取れるので、**「独立している」→「一緒に住んでいない」として、ここは they don't live with us.** の方がクリアになります。

ネイティブならこう答える!!

Well, I have two families actually. One is my Dad and brother and sister. And the other is my wife and two children.

「そうですね、家族は実際2つあります。1つが私の父と兄、姉。もう1つが妻と2人の子供です」

解説

family について、自分の親兄弟の方の家族と、自分を長とする家族の両方で答えています。なお、注意したいのは英語ではことさら上か下か強調する必要がない限り、**兄も弟も brother で、姉、妹も sister** です。**人間の上下関係の基準を年齢で捉えがちな日本とは感覚が違う**からです。ちなみに「兄」は an older brother で、「弟」は a younger brother。「姉」は an older sister で、「妹」は a younger sister です。

I'm an only child, so I just lived with my mom and dad, and my cat. My grandparents lived in small towns a few hours away.

「一人っ子なので、両親と猫と暮らしていました。祖父母は数時間離れたいくつかの小さな町に住んでいました」

解説

「一人っ子」は an only child。I just lived と過去形を使っているので、「住んでいた」→「今は住んでいない」ということです。**ペットも家族の一員としてカウント**しているところが英語圏の人らしいです。

The 'Cameron clan' ※ – Mother, father, and younger brother.

「カメロン一族です。母、父、そして弟です」

解説

くだけた会話では、誰のお母さん、お父さん、弟なのかいちいち言わなくてもわかるので、代名詞の **my が省略**されます。口語英語の特徴でもあります。

※ 'clan（一族）'は、カナダにスコットランドの姓（元々移民の家系というのも含めて）が多くて、こう言ったりするそうです。

ワンポイントアドバイス

家族の話をする際は、I have ～ や There are ～ を使った言い方が定番です。日本語の感覚からすると「います」と考えて、there is〔are〕～ を使った文が思いつきやすいですね。それでも間違いではありませんが、**英語的な見方では所有意識が感じられる have を使うと英語らしくなります**。

「4人家族です」なら、以下のような言い方があります。

I have four people in my family.
There are four people in my family.
We are a family of four.

他に、I lived with ～ や I live with ～ もよく使われます。くだけた会話ではそれらを省略して mother、father のように名詞だけで答えることもありますが、これも相手や場面、状況で使い分けましょう。迷ったら省略しない方がいいでしょう。

一般的にネイティブは、プラス情報として、**家族が今どこに住んでいるのか、何をしているのか、などの一言を添える**ことが多いです。

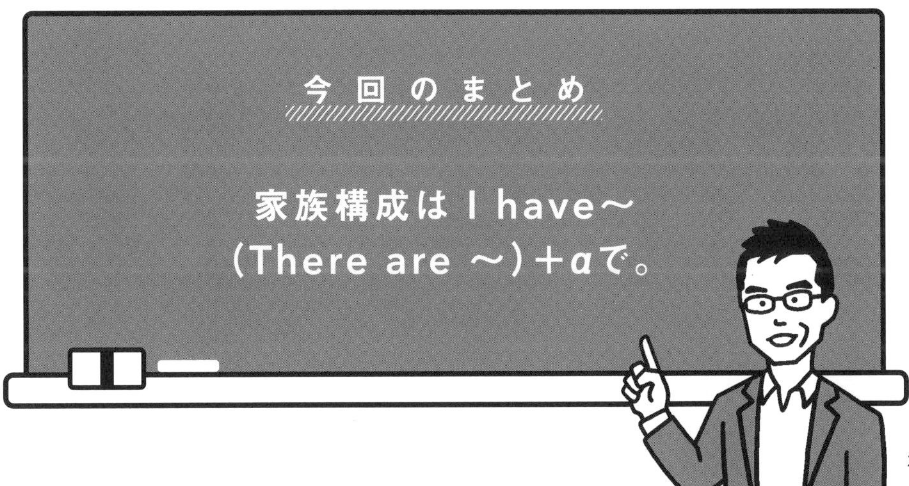

03 What did you work hardest at in your student days?

学生時代に最も打ち込んでいたことは何ですか?

あなたなら何て言う?

自分の青春時代を振り返ってみて回答を考えてみましょう。過去のある期間に打ち込んでいたことを表すので、時制や前置詞を意識してフレーズを組み立ててみてください。

日本人の回答例

I used to go skiing when I was a university student. During winter vacation, I stayed at a hotel for two months to ski.

「大学生の時、よくスキーに出かけてました。冬期休暇中は、スキーをするため2ヶ月ホテルに滞在しました」

解説

昔を振り返って**「よく〜したものだ」**は **used to …** という助動詞を使います。ただし、この表現には**「でも今は違うけど」**という含みがあります。

I had been learning swimming since the age of 4 till the age of 16.

「4歳から16歳までスイミングを習ってました」

解 説

過去のある時点においてずっと続いていたときは "had been＋現在分詞" の形を使います。16歳は今から見ると過去です。そしてその前の4歳からずっと水泳を習ってたというわけです。こういう場合、実際の日常会話では**過去形で代用する**のが普通で、特にアメリカでこの傾向が顕著。ここは**「習う」を「スイミングスクールへ行く」として、I went to a swimming school from 4 to 16.「4歳から16歳まで水泳を習ってました」でも同じことが言えます。**

ネイティブならこう答える!!

During the first year of undergrad, I was in the horse riding club, and in those days I mostly enjoyed socializing and the student lifestyle.

「大学1年生の頃、乗馬クラブに入ってました。当時は、もっぱら人との付き合いと学生生活を楽しんでました」

解 説

undergrad とは undergraduate の略で **「(大学院生に対して) 学部生；大学生」のこと。「大学1年生の頃」を 前置詞 during を使って、During the first year of undergrad** としている点に注目。過去を振り返って「その当時」は in those days。このthose(that「あれ」の複数形) は、that「遠く」と this「近く」の対比で、心理的な距離 (遠い過去) を表しています。動詞 socialize は「人と社交的に交わる」という意味。

I was actually a pretty bad student! I made perfect scores, but I never studied or worked very hard in school.

「実は私はあまりいい学生ではありませんでした。成績はとてもよかったんですが、学校ではまったく勉強しなかったし、一生懸命やりませんでした」

解説

「あまりいい学生ではない」が **a pretty bad student** に。ここは過去の話なので **「まじめに勉強しなかった」** という意味。make perfect scores で「パーフェクトな成績を取る」→「成績がとてもいい」ということ。

I majored in geography at the university of Victoria and took breaks from study to work on various survey projects throughout B.C. and Alaska.

「ヴィクトリア大学で地理を専攻していました。そして、ブリティシュコロンビアとアラスカの広範囲にわたるさまざまな調査プロジェクトに取り組むため、何度か休学しました」

解説

major in ～「～を専攻する」 は専攻話のときの **定番表現**。take breaks from study で「大学での勉強から（何回か）休憩を取る」→「何度か休学する」ということ。

ワンポイントアドバイス

学生時代に打ち込んでいた話は、日本人のようにクラブ活動はもちろん、**どんな学生だったかというタイプや、勉強していたこと、専攻内容など学業に関する話題**を話しましょう。

● **前置詞 during と for の違いについて**

during が「で、いつ?」に対応する**「そのとき」**というニュアンスで、**「限定的にまとまった1つの期間」**を表すのに対し、**for** は「いつの期間」ではなく、**「どれくらいの期間続くのか」**という**時間的な長さ**に関心があります。

When did you go to Nara?「いつ奈良に行ったんですか?」
During my stay in Kyoto.「京都に滞在していた間にです」

How long did you stay home?「どれくらい外出しなかったんですか?」
For three weeks.「3週間です」

● **過去完了形の使い方**

学校では、**過去のある時点よりも前のこと(大過去)は "had+過去分詞"** で表すと習ったかと思います。でもこの形、日本人の回答では使われているのにネイティブは誰一人として使っていません。**口語では堅苦しく響き、形式的な印象がするので避けられる傾向に**あり、代わりに過去形で代用するのが普通です。

I attended a meeting after I called my client first thing in the morning.
「朝一でクライアントに電話してから、会議に出席した」

今回のまとめ

学生時代の話は、部活、自分の学生タイプ、専攻内容などを話すとよい。

Chapter 1

04 Tell me about your good memories of childhood.

子供の頃の良い思い出について教えてください

あなたなら何て言う?

思い出と言っても人それぞれです。記憶に残っている季節の印象もあれば、一緒に遊んだ友人のこと、また自分が熱中した遊びなどをあげてみましょう。

日本人の回答例

I have a memory. It's with my two friends and me. We went fishing together by train .

「思い出はあります。私と2人の友人とのものです。一緒に電車で釣りに行きました」

解説

「思い出」を話すときは I have a memory. よりは、My best childhood memory is 〜 のような形の方がいいです。なお、I have a good memory. は「記憶力がいい」という意味に。

My photo appeared on a girls' magazine when I was ten. I got a pile of fan letters. I was much surprised, but very happy.

「10歳の時、少女向け雑誌に写真が載りました。たくさんのファンレターをもらい、かなりびっくりしましたがとても嬉しかったです」

解説

「(雑誌などに) 載る」は appear でOK。雑誌のカバーページに写真が載る場合は、**表面との「接触」が意識されて**、on (the cover of) a girls' magazine と **on を使います。**雑誌や新聞の中に書かれている記事の場合は、**広げた平面の枠の中にあると認識して in を使う**のが普通です。「たくさん」を a pile of 〜「〜で山積みになった」を使うことで、イメージが沸くうまい使い方です。

ネイティブならこう答える!!

One of the best I have is the long, hot summers in our beachside home. I loved those days.

「最も良い思い出の1つに浜辺にあった家での、長くて、暑い夏があります。そういう日々が気に入ってました」

解説

「最も良い思い出の1つ」という表現の one of the best (memories) I have を主語に立てています。こういう **one of the 〜「〜のうちの1つ」をネイティブは好んで使います。**summer は複数形なので「複数の夏」の意味。

I had a really diverse group of friends growing up, and I loved playing with them.

「実に多様な友達のグループと一緒に育ちました。そして彼らと遊ぶのが大好きでした」

解 説

diverse「多様な」で、人種、年齢、宗教などにこだわらずという意味が出せます。friends growing up と現在分詞を使うと「一緒に育ってきた友達たち」とコンパクトにどんな友達かを表せるので便利です。

I preferred outdoor activities like off-road motorcycling, fishing and playing sports such as squash and soccer, oh, and my first beer!

「オフロードバイクや釣りなどの戸外のアクティビティ、そしてスカッシュやサッカーといったスポーツをするのが好きでした。それと最初のビールも！」

解 説

動詞 prefer に注目。この単語は「むしろ〜を好む」ということで、何かと比較してという意味合いがあります。ここは、他のアウトドア活動やスポーツと比べてということ。**例をあげるときは like「〜みたいな」や such as「〜のような」**を使います。

ワンポイントアドバイス

いい思い出と言っても人それぞれ。季節の印象もあれば、友人のこと、また熱中した遊びなどがあげられていました。ただし、**いずれも単なる事実描写だけで終わらず、それについての自分の感想も I loved 〜 や I preferred … で述べている**点で共通しています。my first beer! なんておどけた言い方も。

● used to … と would … について

「よく…したものだ」と過去の思い出を語るときに使える used to … と would …。どちらも同じような意味ですが、**would** の場合、意志を表す will の過去形ということもあって、主観的でより感情的な色彩を帯びて、**昔を懐かしむ気持ちが前面に出てくる**感じです。

I would study in the library when I was in high school.
「高校生の時、よく図書館で勉強したなぁ」

● go+ …ing について

go の後ろの …ing には、go shopping、go fishing、go skiing、go swimming、go camping、go hiking、go dancing、go hunting など**スポーツや娯楽、気晴らしなど場所の移動に関係する語**が来ます。

ちなみに「湖で釣りをする」は go fishing to the lake と言う人が結構いますが、**go fishing in the lake が正しい言い方**です。これは "go+<fishing in the lake>"という構造で、in the lake は「行く場所ではなく」、その行動が「行われる場所」と捉えているからなんです。

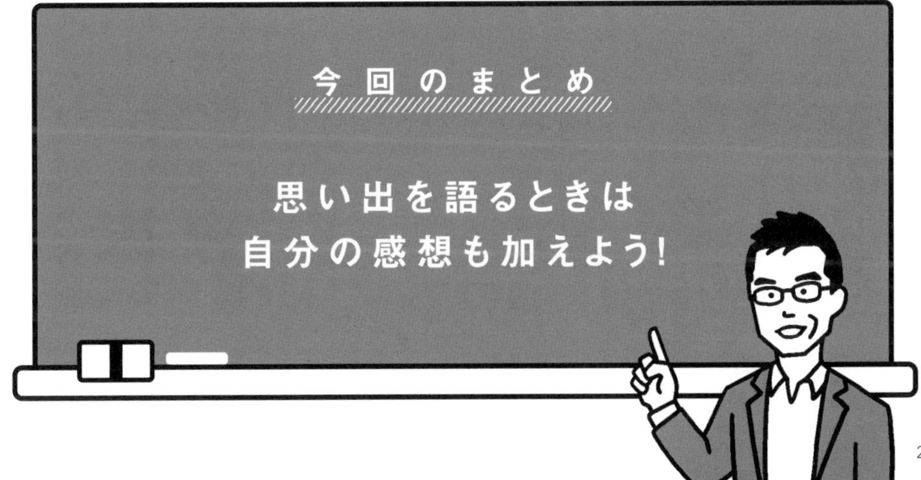

幼少時代の夢を答える

Chapter 1

05

What was your childhood dream?

子供の頃の夢は何ですか？

あなたなら何て言う？

小さい頃の夢を語るときは、職業名をあげるのが一番多いようです。また「何もなかった」も返答としてありです。昔を思い出して答えてみましょう。

日本人の回答例

When I was childhood, my dream was jockey.

「子供の頃、夢は競馬の騎手でした」

解説

I was childhood. だと「私は幼少期です」で「私＝幼少期」に。**「子供の頃」と言うときは in my childhood か When I was a child** にしましょう。後半で言いたいことは「夢は競馬の騎手になること」なので、my dream was to become a jockey が正しい言い方です。

It was a dream to be a singer.
I still love singing and dancing.

「歌手になるのが夢でした。いまだに歌うことと踊ることが大好きです」

解説

いきなり文を it で始めると不自然に感じます。**it は前に出た話題を受けるか、すでに相手が知っていると思われるときに使う**からです。ここは My dream was to be a singer. か My dream was to become a singer. に。前者はどちらかと言うと「願望」で、歌手になってステージで歌っているイメージ。一方、後者は become が「次第に〜になる」と変化を表すので、歌手になるためのスッテプやそのプロセスにより意識が向いています。

ネイティブならこう答える!!

I never really had one.
I just took each day as it came.

「これといって何もありませんでした。ただ毎日その日暮らしをしていました」

解説

最初の文は、「これといって何もなかった」というときの言い方です。really をつけて強調しています。**a dream を one で受けている点にも注目**です。特定している「あの夢」とか「その夢」ではなく、不特定の「ある夢」ということなので it ではなく one で受けます。take 〜 as it comes は、「〜をあるがままに受け入れる」ということ。

When I was a kid, I wanted to be an astronaut. I still want to go to space!

「子供の時は、宇宙飛行士になりたかったです。今でも宇宙へは行きたいです！」

解説

やはり **「〜したい」という願望は、want to …** を使っています。go to space「宇宙へ行く」の space には冠詞 a や the がついていません。これは、宇宙は果てがなく、はっきりとした形や仕切りがあると認識できないので、数えられないものと捉えているからです。

I had a strong desire to become a ships captain and experience the world beyond the horizon.

「船長になって、地平線のかなたの世界を見てみたいという強い願いがありました」

解説

want to … 以外にも、**have a strong desire to …「…したいという強い願いを持つ」** も夢を語るときに使える表現です。「地平線のかなた」を beyond the horizon「地平線を越えたところ」で表しています。

☞ ワンポイントアドバイス

ネイティブの返答を見ると、子供の頃の夢を語るときは、「これといってない」か「具体的な職業名」が多いようです。

そして、定番表現の want to … を使って、I wanted to become ～、あるいは I wanted to be ～とするのが一番よく見られます。

「子供の頃大きくなったら何になりたかったの？」と聞きたいときは **What did you want to be when you grew up?** が定番表現です。

ちなみに、英語圏の子供たちに人気の dream jobs として以下のような職業がよくあげられます。

1. Actor（俳優）
2. Musician（音楽家）
3. Teacher（教師）
4. Scientist（科学者）
4. Athlete（運動選手）
6. Fire fighter（消防士）
7. Detective（刑事）
8. Writer（作家）
9. Police officer（警察官）
10. Astronaut（宇宙飛行士）

今回のまとめ

子供の頃の夢を語るなら
I wanted to become ～ や
I wanted to be ～ が定番。

Chapter 1

06 Looking back, did you have a turning point in your life?

振り返って、人生のターニングポイントはありましたか?

あなたならなんて言う?

人生の転機について話すときは、具体的な出来事をあげるのが一般的。そしてそれがどんな風に影響を与えたのか一言添えられるといいでしょう。

日本人の回答例

I had some turning points.
I guess one is marriage, another one is job change.

「私にはいくつかの転機がありました。1つは結婚で、もう1つは転職かな」

解説

ここは Getting married and changing jobs are the major ones. としてみてはいかがでしょうか。主語に「結婚すること」「職を変えること」と動名詞句でそろえて、major ones「大きいもの(= turning points)」としました。なお**「転職」は仕事から仕事へなので jobs と複数形に**します。

My turning point was, maybe, getting a present job. I like children. Teaching them makes me happy.

「私のターニングポイントはたぶん現在の仕事に就くことでした。子供が好きなんです。子供に教えることで幸せになれます」

解説

英語ではターニングポイントを1つの「点;時点」と捉えます。なので以下のような「時」を表す when や、「まさにその日」を表す the day を使って表してもいいでしょう。

My turning point was when I was right out of college and got a job.
「私のターニングポイントは新卒で就職したときでした」

ネイティブならこう答える!!

There has been a few over the years, but I guess the first major one was making the decision to live and work abroad.

「過去にいくつかありました。が、最初の大きな転機は海外で生活して働く決心をしたということでした」

解説

「過去を振り返っていくつかある」を There has been a few (turning points) over the years と現在完了で答えている点に注目。これは、時間の流れが過去からずっと現在まで続いていて、その過去の出来事の何らかの影響を「今も」感じ取っていることを表します。

なお **abroad「海外へ;海外に」は副詞**です。そのため **go to abroad (×)、work at abroad (×)** のようには言えません。go abroad、work abroad のように直接動詞を説明します。「海外留学する」なら go abroad to study か study abroad に。

In college, our choir traveled to Brazil for a tour. I never really understood my privilege until I saw the terrible levels of poverty there.

「大学生の時、聖歌隊でブラジルにツアーに出たときです。そこでひどい貧困レベルを目の当たりにして、はじめて自分の特権を本当に理解できました」

解 説

第２文はちょっと複雑で never … until ～「～してはじめて…した」という構文が含まれています。ひどい貧困のあり様を見てはじめて、自分の特権が理解できたという意味です。

My first solo trip outside of North America on a working holiday visa sparked my interest in experiencing more of the world.

「ワーキングホリデービザでの北米からの私の最初の一人旅が、もっと多くの世界を知りたいという興味をかきたててくれました」

解 説

My first solo trip ～ visa がSで、sparked がV、そして残りがOとなります。spark my interest in ～ で「～に対して私の興味をかきたてる」ということ。「ワーキングホリデービザで」は**前置詞 on を使います。この on は「道具」を意味していて using に置き換えられます。**

ワンポイントアドバイス

人生の転機（ターニングポイント）について話すときは、具体的な出来事をあげるのが一般的。そしてそれがどんな風に影響を与えたか一言添えるとなお better です。

● **現在完了について**

現在完了は“have＋過去分詞”の形で、**「過去のある時に起きた」という過去の事実を、今 have している「現に持っている；現に存在している」**という意味になります。ある動作や状態が終わったその結果、今現在どうなっているのかに関心があります。過去から現在まで時間的に「線」でつながっている感覚です。

例えば、There was a few over the years. なら、「過去何年かにわたりいくつかあった」という過去の事実を述べているだけで現在とは切り離され、「今」どうなのかには関心がありません。

一方、There has been a few over the years. の現在完了だと「過去何年かにわたりいくつかあって、（その結果、だから）今〜だ」と**「今現在」の気持ちに焦点が当てられている**ことになります。どんな気持ちかは、そのときの前後の文脈で１つに絞られます。

参考までに例をあげておきます。現在完了の感じをつかんでみてください。

I have just brushed my teeth.

「ちょうど歯を磨き終えたところです」→「だから今、歯がきれいです」など。

I have cut my hand with a paper.

「紙で手を切ってしまいました」→「だからまだ切れていて痛いです」など。

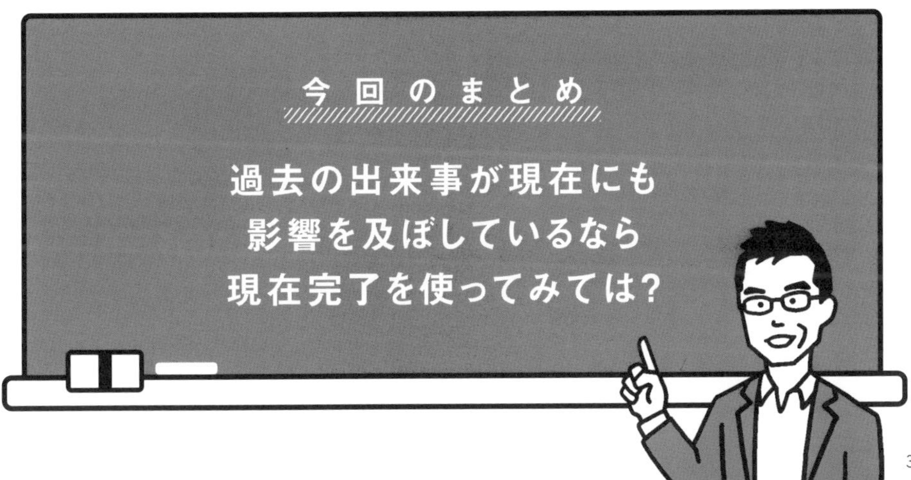

使いまわしがきく回答のまとめ集

ここでは、Chapter 1で出てきた質問の別回答を紹介します。英文で使われている語句や構文を活用して、自分バージョンの回答文を完成させましょう。

I was brought up in Okinawa.
「沖縄で育ちました」

My hometown is where I was born.
「生まれたところで育ちました」

My hometown is famous for its delicious soba noodles.
「私の故郷はおいしいおそばで有名です」

I come from a very small town in Nagano.
「長野のとても小さな町の出身です」

We are a close family.
「うちは家族の仲がいいんです」

I was raised by strict parents.
「厳しい両親に育てられました」

I was raised to be an independent thinker.
「自分の頭で考えられる人間に育てられました」

Every year, I go on some trips abroad with my family.
「毎年、家族と数回海外旅行に行きます」

I had a part-time job at a Japanese-style pub in my student days.
「学生時代、居酒屋でバイトしていました」

I was active as a member of a tennis club.
「テニスサークルの部員としてアクティブにやってました」

My favorite subject in high school was math.
「高校で一番好きな科目は数学でした」

My grades were bad, so I was worried about repeating a year.
「成績が悪く、留年の心配をしてました」

Nothing in particular. I did a little bit of everything.
「特には何もないです。何でも浅く広くやりました」

I studied business administration very hard to take over the family business.
「稼業を継ぐために経営学を必死に学びました」

In my childhood, I was so happy when my mother praised meat pie that I made.
「子どもの頃、私が作ったミートパイを母が褒めてくれたときとても嬉しかったです」

I went to Tokyo Disneyland with my close friends at least once a year.
「年に最低一回は親しい友人と東京ディズニーランドに行きました」

Every year during my summer break, I went back to my parents' home in Fukushima and stayed there with my relatives for a week.
「毎年、夏休みに福島にある両親の実家に帰省して、親戚と一週間過ごしました」

I lived in a small town rich in nature and enjoyed running after dragonflies until late in the evening.
「自然豊かな小さな町に住んでいて、夕方遅くまで走ってトンボを追いかけてました」

When you were a child, what did you want to be when you grew up?
「子どもの頃大きくなったら何になりたかったですか?」

My childhood dream was to become a Manga artist.
「小さい頃の夢は漫画家になることでした」

Your dream will come true if you try really hard.
「本気で一生懸命がんばったら夢は叶いますよ」

I got my wish.
「願いが叶いました」

It's been my dream to work abroad since I was a child.
「子供の頃から海外で働くことがずっと私の夢なんです」

Being 18, I have many dreams.
「１８歳なので、夢はたくさんあります」

A turning point in my life was when I met my wife. That turned my life around.
「人生のターニングポイントは妻に出会った時です。人生が１８０度変わりました」

It is difficult to answer because I've had several turning points throughout my life.
「答えるのが難しいです。というのも人生を通していくつかターニングポイントがあったからです」

I think a turning point made me who I am today.
「あるターニングポイントのおかげで今日の自分があると思います」

If I hadn't met Mr.Tanaka, a school teacher in junior high, I would have gone in the wrong direction.
「もし中学生のとき田中先生に出会わなかったら、間違った道に進んでいたでしょう」

Chapter 2

私の性格

Chapter 2

01 Are you shy or outgoing?

内気ですか、それとも外交的ですか？

あなたなら何て言う？

自分のどのようなところが内気で外交的なのかまで言えると、幅が広がりそうな話題です。どちらとも言えない場合や条件つきの場合の表現も学んでいきましょう。

日本人の回答例

I am rather shy, because of I am not a good conversationalist.

「どちらかというと内気です。話し上手じゃないんです」

解説

conversationalist は「話し上手な人」を表します。理由を表す **because of ～** の使い方に気をつけましょう。of は**前置詞なので、この文のように後ろに文（節）を取ることはできないんです。**ここは接続詞の because にする必要があります。この両者は似ていますが、品詞が違うので要注意です。

I'm shy, but I'll be friendly if we have known each other for a long time.

「内気です。でも長い間お互い知り合いになってしまえば、フレンドリーになるでしょう」

解説

but 以下に違和感があります。**"If …, I'll 〜."、または "I'll 〜, if …." の形は「今は違うけど、この先もし…になったら、私は〜します」**ということ。if の文は、条件づけなので、確度の高い内容になります。前提となる条件が揺らいでは話が組み立てられないからです。そこで、安定感があって確度の高い動詞の現在形の出番となるわけです。ここは I'll be friendly if we know each other for a long time. の方が文法的には better。

ネイティブならこう答える!!

I'd say I'm a social person that also appreciates time to himself.

「自分だけの時間も大切にする社交的な人間だと言えると思います」

解説

I'd say は I would say「あえて言えば」の省略形で、断定を避けたり、控えめ感を出したりするときに使われます。日本人好みです。
a social person は sociable という一語でも大丈夫です。「社交的」と言いたいときは outgoing、a social person、sociable の3つを押さえておけば十分。自分を花から花へ移動する蝶々に見立てて I'm a social butterfly. なんて言い方もあります。

Well, I guess it depends on who I'm talking to and where. I'm a little of both perhaps depending on the person and situation.

「誰とどこで話しているかによると思います。相手と状況によって、たぶん少しはどちらにも当てはまると思います」

解 説

「誰とどこで話しているか」は、who I'm talking to and where のように表現します。depending on ～「～によって；～次第で」はこのように文の後につけて使える便利なフレーズです。

I'm very outgoing. I love to meet new people!

「とても外交的です。知らない人と出会うことが大好きです」

解 説

very に注目。程度を強めたいときに使います。really や quite でもOK。逆に、「少し」と言いたいときは a bit や a little で、**「どちらかといえば」なら kind of や rather、more or less** などが使えます。**こうした程度を表す単語をつけると、微妙な気持ちまで伝えることができます。**

ワンポイントアドバイス

「どちらですか」と問われたときの返答に**「どっちかはっきり言えない」**ということもありますよね。**そんなときに便利なのが That(It) depends.「場合による；状況による」という表現**。ズバリ言えないときに重宝します。「何によるのか」具体的に表すときは on を使って、That(It) depends on ～ の形になります。

That depends on the person.「人によります」
That depends on the situation.「状況によります」
That depends on the weather.「天候によります」
That depends on the mood.「気分によります」
That depends on how much it costs.「値段によります」
That depends on how you look at it.「見方によります」

もちろん、イギリス人の回答例のように、文の後に depending on ～ として付け足すこともできます。便利なお役立ちフレーズなのでどんどん使ってみましょう。

今回のまとめ

条件をつけるときには
That depends on ～ で!

Chapter 2

02 Can you easily handle your temper?

自分の感情をうまくコントロールできますか？

あなたなら何て言う？

自分がどんな気質の人間なのかを一言で表現できるフレーズを持っておくと便利。日本人特有の少し曖昧で柔らかい表現ができないかも考えてみましょう。

日本人の回答例

I often control myself with kinds of music and books when I am irritated, but sometimes I fail.

「イライラするときは、音楽と書籍でよく自分をコントロールしてますが、時々うまくいきません」

解説

with kinds of music and books は by using music and books とした方がより具体的に。「時々うまくいきません」も「その方法はいつも効果があるわけではない」として it doesn't always work. のようにするのも手。**物事がうまくいかないときに work は重宝します。**

I would like to think that I can.

「できると思いたいです」

解 説

こういうときにネイティブがよく言うのが **I wish I could.「そうだといいんですが；そうできるといいんですが（実際はできませんが…）」**。仮定法を使った願望文で、**できなくて残念な気持ちを表すのにもってこい**です。日常会話では頻繁に登場します。

ネイティブならこう答える!!

I've always thought of myself as a patient kind of person, so yes, I suppose I can handle it.

「いつも自分のことをどちらかと言えば辛抱強い人間だと思ってきました。なので、はい、コントロールできると思います」

解 説

I've always thought of ～ と**現在完了を使っているため、過去から現在までの継続感**が感じられ、**「今もそう」という含み**も。ここの kind は「優しい」ではなく a kind of ～ で「どちらかと言えば～」なので注意。**I suppose「～と思う」は、I think より多少自信がない感じ**。自信があれば I believe。なお that を後ろに入れると硬くなるので会話では入れないのが普通です。

Not at all! When people make me mad, I usually tell them!

「まったくダメです！　カッと来たら、いつも言っちゃいます」

解説

Not at all! を使うことで強い否定に。「カッと来たら」は、When I get mad ではなく、**make O C「Oを～の状態にする」の用法で、「人々が私を怒った状態にする」としているところが英語らしい**表現。

I'm no saint, but I prefer to keep my composure.

「私は聖人ではありませんが、落ち着いて平静を保つようにしてます」

解説

no は「ゼロ」と言うことなので、「まったくない」ということ。I'm not saint. よりも強い否定になります。composure は「落ち着き；平静」の意味。**keep one's composure で「落ち着いて平静を保つ」**という熟語。

ワンポイントアドバイス

感情のコントロールについて、ネイティブは人にもよりますが、Yes か No かのいずれかに着地するような返答をしています。一方、日本人の回答者は、どちらなのか曖昧な感じの返答も見られます。このあたりは興味深いですね。

イギリス人回答者が使った **"a＋性格を表す形容詞＋kind of person" は、断定を避けて「どちらかと言えば～なタイプの人」という意味**で、口語でよく耳にする言い方。日本人特有の柔らかく直接的な響きを押さえたいときにぴったりのフレーズです。

I'm a positive kind of person.
「どちらかと言えばポジティブなタイプの人です」

She's a sensitive kind of person.
「彼女はちょっと神経質なタイプの人です」

He's a frank kind of person.
「彼はどちらかと言えばざっくばらんなタイプの人です」

ここで出てきた単語や熟語以外にも以下のような使えるフレーズもあります。

get emotional「感情的になる」
I get emotional for small things.
「私はささいなことで感情的になります」

lose one's temper「カッとなる；切れる」
He loses his temper a little too easily.
「彼はすぐに切れるんです」

今回のまとめ

感情のコントロールが難しい場合は
I wish I could. もあり。

Chapter 2

03 Do you have an inferiority complex?

コンプレックスはありますか？

あなたなら何て言う?

見た目に関するコンプレックス、内面に関するコンプレックスなど、人によってさまざま。日本人とネイティブのコンプレックスに対する意識の差にも注目です。

日本人の回答例

Yes, I have. It is about my appearance. I have a long, round face. ha hah.

「はい、あります。私の見た目です。仏頂面で丸顔です。はっはっー」

解説

「見た目です」は It's about my looks. としてもOK。ちなみに「体型」は英語で figure です。「彼女は体型がすらっとしてる（スタイルがいい）」なら She has a nice figure. となります。「どうやって体型（スタイル）を維持してるの？」なら How do you keep your figure? という感じですね。

I have some inferiority complexes, for instance, short legs, short fingers, but I am me.

「いくつかコンプレックスはあります。例えば、短い足、短い指、でもそれが私です」

解説

inferiority complex とは「劣等感；コンプレックス」のこと。**「それが私なんです」は** It's(That's) me. に。ただしこういう場合、**英語では That's who I am. が定番**です。That's ～「それが～です」と Who am I?「私って誰？（私ってどんな人間）」がくっついて語順が入れ替わった形。「（他の誰でもない）それが私という人間」の意味です。

ネイティブならこう答える!!

Who would answer 'yes' to that! I don't think I do – but perhaps you should ask my close friends.

「誰がその質問に対して『はい』と答えるでしょう。私にはあるとは思えないです。でもひょっとすると親しい友人に聞いた方がいいかも」

解説

助動詞を巧みに使って、うまく気持ちを表しています。**Who would ～ の would には「まさか!」とか「ありえない!」という気持ち**が込められています。また、この should は「…すべきである」という義務というより、「…してみたらどう」という助言に近いニュアンスです。

No, I'm very secure about who I am and what I can do.

「いいえ。自分自身や自分ができることに対してまったく不安はありません」

解説

secure は「不安がない；心配がない；確信している」という意味で、安定して揺らがない感じ。who I am は先ほども出てきた「（他の誰でもない）私という人間」の意味です。

Not that I know of. I'm not focused on comparing myself with others.

「私の知る限りありません。自分と他人を比べることに注意を向けないからです」

解説

Not that I know of.「私の知る限りはないです」はこれで1つの定型表現。No と断定的に言い切る代わりに、柔らかく控えめに否定的な返事をするときに使います。 compare A with B で「AとBを比べる」の意味なので、comparing myself with others は「自分と他人を比べること」となります。

ワンポイントアドバイス

ネイティブはあまり人前で日本人ほどコンプレックスがあるとは認めたがらないようです。あっても人前でそれをさらけ出すのは、自分の弱さを見せることになるので、良しとしない文化的な要因があると考えられます。気楽にペラペラ言うのは避けた方が賢明かも。

こういうときは、**仮定法の I wish …「…だったらなぁ」を使って、卑屈に聞こえない程度にさらりと願望を伝えるのがコツ。**

I wish I could sing like MISIA.
「MISIAのように歌がうまかったらなぁ」
※ 自分は歌があまりうまくないことを遠回しにほのめかす。

I wish I were good with my hands.
「手先が器用だったらなぁ」
※ てきぱき物事をこなせない、いつも作業でミスをするなど不器用だと言いたい。

I wish I were a good public speaker.
「人前で話すのが上手ければなぁ」
※ 口下手で人前で話すのが苦手ということ。

今回のまとめ

**コンプレックスの話は控え目に!
I wish … を使って
さらりとかわすのも手。**

04 Are there any pet phrases that you tend to use very often?

よく使う口癖ありますか?

あなたなら何て言う?

英語で「口癖」は pet phrase と言います。何か思いつく口癖がある場合は、それを英語でどう表現しますか?　そして、ない場合はうまいかわし方を考えてみましょう。

日本人の回答例

Yes, I have. My pet phrase is "indifferent to me".

「はい、あります。口癖は『どうでもいいよ』です」

解説

indifferent to me は直訳ですね。これだと「私に無関心」となるので、英語では I don't care.「気にしない」がこの文脈では一般的。もっと**どうでもいい感を出したいときは I couldn't care less.「眼中にない；本当にどうでもいい」**が使えます。「これより少なく気にかけることはできないだろうに」→「まったく気にしない」ということ。

I can't think of any, so I think there is none.

「まったく思いつきません。なのでありません」

解説

全然思いつかないときのフレーズが I can't think of any. です。これだけでも十分質問の答えになっています。ないときは I don't think there are.「あるとは思いません」→「ないと思います」と言ってもOK。

ネイティブならこう答える!!

That's a tough one. There could be, but I can't think of anything off the top of my head.

「難しいですね。あるかも。でもとっさには思いつかないです」

解説

答えにくい質問の反応に使える表現ばかり。**That's a tough one. は、すぐに返答できないときの時間稼ぎに。「いい質問ですね」という意味でも使えます。** There could be. は「…かもしれない」と自信がないときに使います。特に、**Could be. だけで使われことも多く、低い可能性のときならいろいろな場面で使うことができます。**

A: Is she an actor?「彼女って女優さん?」
B: Could be.「かもね」

最後の off the top of my head「即座に；とっさに」は、ぱっと思いつかないときのイディオム。直訳「頭のてっぺんを瞬時に離れる」からもイメージが湧きやすいかもしれません。

I tend to swear a lot. It's not a great habit.

「汚い言葉を使う傾向があります。あまりいい癖じゃないけど」

解説

swear a lot で「汚い言葉を使う」の意。**swear には**「（神の名において）誓う」という意味がありますが、**「ののしる」という意味も。**英語圏の文化では「誓う」ことも「罵る」ことも「神頼み」ということで、swear に「罵る」という意味が生まれたようです。

Whenever possible, build bridges not walls.
Life is an adventure not a package tour.

「可能な限り、壁を作るのではなく、橋を架けよう。人生とは冒険でありパッケージ・ツアーではないのだから」

解説

build bridges not walls は「壁を作って拒絶するのではなく、国境を越えてつながれる機会を持とう」ということ。また、次の Life ～ も名言で「あらかじめ決められた路線に乗って生きるより、自らどんどん新しいことに挑戦し人生を切り拓いて行こう」というメッセージが入っています。

ワンポイントアドバイス

口癖は意外と自分では気づかないもの。**そういうときの「思いつかない」にまつわる表現は、返答に困った場合にも使えるテクニックなので覚えておけば役に立ちます**。

● **即答できないときに使える3つのフレーズ**

That's a tough one.「難しい質問ですね」
返答できないときに黙っているのは厳禁。何か言いましょう。That's a hard one. も同じで、「おっと困った質問だな」の意味。

That's a good question.「いい質問ですね」
文字通りの意味の他、答えがわからないときの婉曲表現として使えます。That's an interesting question. も同じです。場合によっては「私には答えがわかりません」というメッセージにもなります。

I can't (really) think of any.「これといって思いつきません」
あれこれ色々考えた結果ダメだったなら、I can't come up with any. も使えます。なお、**いい答えが思い浮かばないときは**、次のように you を強めに言って、逆に質問の球を相手に打ち返すのもよくネイティブがやる手です。

How about YOU?「で、あなたはどうなの?」

今回のまとめ

いい答えが思いつかないときは How about YOU? と ボールを返してみよう。

Chapter 2

05 Are you a neat and tidy or an easygoing type of person?

几帳面ですか、それとも大ざっぱなタイプの人ですか?

あなたなら何て言う?

ここでは「AかBどちらですか?」という二択の質問に対する返答方法を学びましょう。ついでに「確信度」を表す単語も使えると表現力がアップします。

日本人の回答例

I'm maybe more of a neat and tidy.

「たぶん（大ざっぱというより）むしろ几帳面なほうです」

解説

この more of a は、**more of a ～ than … の形で「…よりはむしろ～に近い」という意味**で口語でよく使われます。2つのうち「どちらが優勢か」を表したいときにピッタリ。than 以下は省略されることが多いです。こういうフレーズが使えるといいですね。

Since the outbreak of the new coronavirus, I'm a neat and tidy of person, so I measure my body temperature every day.

「新型コロナウィルスの発生以来、几帳面な人です。それで体温を毎日測っています」

解説

時制に注意です。**since「～以来」は「継続」を表すので、こういうときは現在完了の出番。**I've been a neat and tidy type of person, … の方がいいです。ウィルスの発生からずっと現在もそう、という意味になります。
あるいは、After the outbreak of the new coronavirus, I've become a neat and tidy type of person, so …「新型コロナウィルスの発生後、几帳面なタイプの人になってしまいました。それで…」としてもOK。

ネイティブならこう答える!!

Easygoing. My room says it all.

「大ざっぱです。私の部屋を見ればわかります」

解説

Easygoing は、フルセンテンスだと I'm an easygoing type of person. ですが、**情報が共有されていて誤解する心配がないときは省略することが多くなります。**労力が省ける上、会話のやりとりが効率よく進み、多くの意見や情報を交換できるのがその理由です。say it all は「すべてを物語る」という定型表現です。

Oh, I'm definitely a neat and tidy kind of person. I can't relax completely if things are messy.

「間違いなく几帳面なタイプの人です。物がちらかっていると完全にリラックスできるわけではないんです」

解 説

definitelyは「間違いない」と自信を持って答えるときに。**この a kind of は person を説明していて、「～なタイプの人」（＝a type of person）ということ**。messy は very untidy「とてもちらかっている」の意。

I'm pretty easygoing, though I also like my work area to be clean and orderly.

「かなり大ざっぱです。仕事場はやはりきれいに整理されていて欲しいですけど」

解 説

pretty は口語で「かなり」の意味。この接続詞 though は口語で「…だけど」と but と同じように、対照的なことを言いたいときに使います。clean and orderly「きれいに整理されて」はペアで覚えましょう。

ワンポイントアドバイス

「どちらだと思うか？」という問いにネイティブはどちらかをはっきりと言う傾向が強いようです。一方、日本人回答者は断定的な返答を避ける傾向にある点が見て取れます。

●「確信度」を表す単語の度合い

話している内容に対して、どれくらいの確信を持っているのかを表す副詞があります。うまく使えば、話の真実味に濃淡をつけることができます。

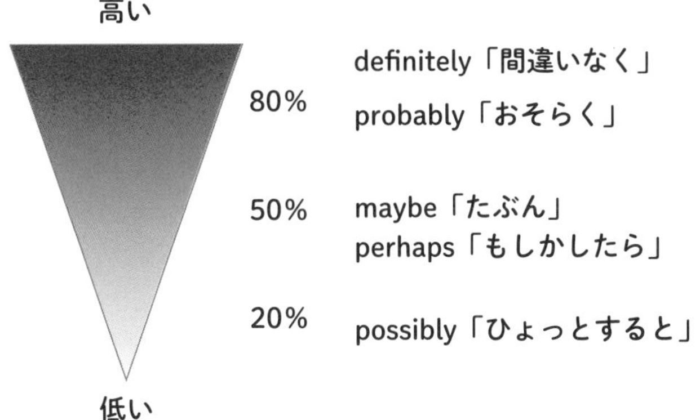

次の男女の例文で感じをつかんでみましょう。

男：**Do you want to go see a movie tonight?**

「今夜映画見に行かない?」

女：**Probably.**「おそらくね」

※この返事なら高い確率で行ってくれる。内心ガッツポーズ。

女：**Possibly.**「ひょとしたらね」

※これは、ほぼ無理だとわかる。内心ちょっぴりがっかり。

Chapter 2

06 Do you have no problems with eating out by yourself?

一人で外食するのは平気ですか？

あなたなら何て言う？

質問に no problem「問題ない」が含まれているので、答えるときは、Yes と No の使い方に気をつけて。動詞 mind を使う場合も要注意です。

日本人の回答例

Yes! I'm totally fine with it.

「いいえ。まったく大丈夫です」

解説

日本人がつい Yes と No を混乱してしまうケースです。Yes と言えば、Yes, I have problems. ということになってしまうため、**No! が日本語の「はい」に相当します。I'm fine with ～** は、「**～で大丈夫ですよ；～でいいですよ**」という意味。

No, I don't mind it at all.

「はい、まったく気にしません」

解説

英語の答え方がちゃんとできています。mind は「気にしますか」という意味。**Do you mind ～** はちょっと改まって「～してもいいですか？」と聞きたいときに。返答は**気にすれば Yes、気にしなければ No と考えればシンプル**。mind が使われている疑問文は日本語で考えると反対になるので要注意。

ネイティブならこう答える!!

None whatsoever. Why not eat out by yourself? But thinking about it, I guess it really depends on the place.

「まったくないです。一人で外食してみたらどうですか？　でも考えてみたら、場所によると思いますけど」

解説

否定を強調するときに whatsoever「少しの～も；何の～も」を使います。None. だけだと「ありません」という単なる否定に。
Why not ～? は「～してみてはどう?」という提案の表現。Why don't you ～? を短くしたもの。**I guess は I think のことで、より自信がないときに使います**。

I go out to eat alone all the time! It's a good chance to work or study while I'm enjoying good food.

「いつも食事は一人で食べに行きます。おいしい料理を食べながら、仕事したり勉強したりするいい機会ですから」

解説

go out to eat で「食べに出る」の意味。この **a chance は**「機会」ですが、文脈によっては、There is a good chance of success.「成功の見込みが十分ある」、You have no chance of winning.「勝ちそうにもない」のように**「確率；見込み；可能性」の意味**になることも。

Food, no problem. For a drink I prefer company.

「食事はまったく問題なし。お酒の場合は連れがいた方がいいな」

解説

Food, no problem. は For food, I have no problem. が省略された形。くだけた会話例。この for は「対象を求めて」という感覚から、目標となる対象を指しているイメージ。最後の **company は「連れ；仲間」という意味**なので要注意。He is good company. なら「彼は一緒にいて楽しい人です」ということ。I enjoyed your company. なら「一緒に過ごせて楽しかったです」という意味に。

ワンポイントアドバイス

集団主義VS個人主義の社会の在り方の違いか、ネイティブは一人での食事に抵抗がある人はほとんどいません。日本社会では、一人の食事はかわいそうという世間の目（the eyes of the world）が関係しているのかも!?　また、日本人回答者のように、Yes、No で答え始めている人が誰もいなかったのが興味深いですね。おそらくそうすると教科書的な英語に聞こえて、自然さに欠けるという意識が働いたのかもしれません。

今回の日本人回答者に目立ったのは、否定の内容や Do you mind ～? を受けたときの Yes と No の間違いが多かったことです。

質問は Do you have no problems?「問題ないですか？」という問いなので、No! が No, I don't have problems. のことで「はい」になります。わかりにくければ、返事は「問題があれば」Yes、「問題がなければ」No と覚えておきましょう。例えば、相手に許可を求める Do you mind if ～? の場合、

Do you mind if I take off my mask now?
「今マスクを外しても気にしますか（いいでしょうか）？」

Yes.「はい、気にします」→「やめてください」
No.「いいえ、気にしません」→「いいですよ、どうぞ」

となります。**もし咄嗟に反応できないときや、OKの場合は Sure.「いいですよ；もちろんどうぞ」を使うのもあり**です。

使いまわしがきく回答のまとめ集

ここでは、Chapter 2で出てきた質問の別回答を紹介します。英文で使われている語句や構文を活用して、自分バージョンの回答文を完成させましょう。

I wish I was born into a wealthy family.
「裕福な家に生まれていたらなあ」

I always give my 100%.
「私はいつも全力投球でやります」

Everybody says that I have strong leadership skills.
「私は強いリーダーシップ力があると誰もが言います」

I can control my anger in public.
「人前で怒りをコントロールすることができます」

I used to hate my appearance, but now I know that no one's perfect.
「以前は自分の外見が嫌いでしたが、今は誰一人として完璧ではないとわかりました」

My room is always a mess. But in my defense, I'm too busy all day.
「いつも部屋が散らかってます。でも言い訳になりますが一日中忙しすぎるので」

Maybe I'm extremely neat and tidy, so I hate sloppy people.
「たぶん私は極度に几帳面ですね。だからだらしない人は大嫌いです」

I would like to ask a gentleman to escort me for dinner.
「ディナーには素敵な男性にエスコートをお願いしたいです」

Chapter 3

私の好きなこと

Chapter 3

01 What are you into lately?

最近ハマっているものは何ですか？

あなたなら何て言う？

「ハマっているもの」を表現するときは I'm into ～ の"～"に名詞や動名詞を入れて表現できます。また、それ以外の言い方もできないかを考えてみましょう。

日本人の回答例

I have interesting an action movie lately.

「最近はアクション映画に興味を持っています」

解説

「興味を持っています」 は **I have interest in ～** か **I'm interested in ～** になります。また「アクション映画」は an action movie だと、いくつかあるうちの1つを指すので、**総称を表す action movies** の方が better。なお、「最近は」は these days、あるいは nowadays にしましょう。詳しくはワンポイントアドバイスで。

I am currently into walking.
It is very relaxing and good for your health, too.

「今ウォーキングにはまってます。とてもリラックスするし健康にもいいからです」

解 説

ウォーキングを「運動の目的や散歩」の意味で使う場合、英語では go for a walk または go walking を好んで使います。例えば「散歩しました」は I walked. よりは、I went for a walk. の方が自然な英語。第２文の **It is very relaxing. はこのままでもOKですが、It really makes me relaxed. の方が流れがスムーズ**。これは I'm relaxed.「リラックスしている」という状態に make「する」ということ。

ネイティブならこう答える!!

Motorcycle touring followed by relaxing at the rooftop beer garden during sunset.

「バイクツーリングの後、日没に屋上ビアガーデンでリラックすることです」

解 説

話し言葉のため省略されているので、It's motorcycle touring (which is) followed by 〜 と考えるとわかりやすくなります。be followed by 〜 は「（主語の）後に〜が続く」ということ。以下の例文で用法を確認してみましょう。

Marathon running followed by taking my first sip of beer on a hot summer day.
「暑い夏の日にマラソンを走った後の最初の一口のビール」

I've just got a new coffee maker, so I've been really enjoying that.

「ちょうどコーヒーメーカーを購入しました。なので本当にそれを楽しんでます」

解 説

「ハマっている」を表すのに enjoy を使っているところがネイティブの技です。be into 〜、be interested in 〜、そしてこの enjoy をレパートリーに持っていれば完璧です。

I'm super into Star Wars, particularly drawing fan art of my favorite characters!

「めちゃくちゃスターウォーズにはまってます。特に大好きなキャラクターのファンアートを描くことです」

解 説

super は口語で「ものすごく；めちゃくちゃ」の意味。super cute なら「超かわいい」に。
fan art とは「愛好者（ファン）が描いた二次創作イラスト」のこと。ちなみに **favorite には「最も好きな」という含み**があります。

ワンポイントアドバイス

ハマっているものも人それぞれです。ただし、その表現の仕方はbe into ～ が鉄板です。「ものすごく」と程度を表したければ、I'm really into ～ や I'm super into ～ とすればいいでしょう。"～"には、名詞や動名詞が入ります。

また「最近；近頃」は英語では、**lately** と **recently** と **these days** の３つがあります。使い分けの目安は以下の通り。時制が鍵を握っています。

recently は少し前に起きた一回きりの行為で、現在完了や過去時制と相性が抜群。

lately はちょっと前から現在まで続いていたり、繰り返している行為。現在完了や進行形と相性が良いです。

these days は主に現在形や進行形の文で使われます。nowadays「最近は」や today「今日」も同様に現在形で用いられます。

今回のまとめ

「ハマってる」は I'm into ～ を使おう！　強調したいときは really や super で。

02 Do you use social media?

SNSはやってますか?

あなたなら何て言う?

YouTubeやTwitterなどのSNSに一度は触れたことがあるのでは? いくつかツールはありますが、どれも前置詞と組み合わせて使う場合に少し注意が必要です。

日本人の回答例

No, I don't. I don't like social networking because there is sometimes cyberbullying.

「いいえ、やりません。ネットいじめが時々あるのでSNSは好きではありません」

解説

cyberbullying とは「ネット上で行われるいじめ」のこと。bullying「いじめ」と関係のある言葉です。because 以下は、I sometimes hear cyberbullying cases [stories].「時々ネットいじめのケース〔話〕を耳にするからです」としてもいいでしょう。

Yes I do. I sometimes do SNS when I have free time.

「はい、やってます。自由な時間があるときに時々やります」

解説

SNSは英語では social media あるいは social networking (services) です。一般に**「SNSをやる」は use social media が広く使われています。** spend time on social media「SNSに時間を費やす」でもOK。ちなみに「ラインやってる?」なら Do you use Line? です。**when I have free time は in my free time としてもいいでしょう。こっちの方が語数も少なくすっきりできます。**

ネイティブならこう答える!!

I'm on Twitter all the time, but I hate Facebook.
I don't like how Facebook censors your posts.

「常にツイッターやってますが、フェイスブックは嫌いです。投稿の検閲のやり方が嫌です」

解説

Twitter や Facebook、Instagram などの**SNSは前置詞 on と一緒に使われます。** on は「接触」を核に持っていて、人とSNSという2つのものが接触して、片方が他方に依存する関係に。そこから「手段(〜を使って;〜を利用して)」という意味に発展したと考えられます。on the Internet「インターネットで」も同じ。

A: The mask you're wearing looks so cool. Where did you get it?
「つけてるマスクかっこいいね。どこで買ったの?」

B: I bought this on the Internet.
「ネットで買ったんだ」

I tried it once, but I've got to say that I just don't have the time to keep checking it.

「かつてやってみましたが、わかったのはチェックし続ける時間がないことです」

解説

I've got to say that … で「…ということを言いたい；…ということを言わないといけない」。また、've got to …「…しなくっちゃ」は、口語で have to が have go to に、さらにそれが短くなって 've got to に。さらに短くなって gotta へと変わります。カジュアルな場面で登場します。

Not really my cup of tea. I prefer 'in-person' networking whenever possible.

「あまり私の好みじゃないです。可能ならいつでも対面での人との交流の方がいいです」

解説

my cup of tea とは「（人やものが）自分の好みである」の意味。 It's not my cup of tea. で「好みじゃない；興味がない」。紅茶の国イギリス由来の表現です。'in-person' networking は「対面でのネットワーキング」で直接交流すること。whenever possible「可能ならいつでも」は whenever it is possible を省略したもの。

ワンポイントアドバイス

Do you ～? の質問に日本人回答者はYes, I do. や No, I don't. と返答する人が多かったのに対し、ネイティブでは一人もいません。せいぜい Yes か No くらいで、よほど強調したいとき以外は、一般的には完全な文の形にしないのが普通です。

これは、ネイティブには教科書的でロボットのようなおうむ返しに聞こえるためだと考えられます。

くだけた会話で耳にする 've got to …「…しなくっちゃ」。発音は**I've got to なら I gotta「アイガラ」 のように聞こえます**。これは、have got to …「…する必要がある」が以下のように変化したものです。

have got to → 've got to → got to → gotta

口調がいいので、会話では多用されていて、映画のセリフや洋楽の歌詞でもよく耳にするごく自然な音声現象。ただし、インフォーマルな響きがするので場面によっては使いすぎには注意しましょう。同じような音の同化現象としては、

kind of → kinda
going to → gonna
want to → wanna

などがあります。

Chapter 3

03 What was your best traveling experience?

一番思い出に残っている旅の経験は何ですか?

あなたなら何て言う?

行き先はもちろんのこと、なぜその旅行が思い出に残っているのか、というエピソードも含めて回答すると、相手の心により伝わるフレーズになるでしょう。

日本人の回答例

It was to go to England when I was a college student.

「大学生の時、イングランドに行ったことでした」

解説

どんな旅だったかの、**返答としては It was to go to England. よりは It was a trip to England. の方が自然**。ちなみに国の場合イギリスは England ではなく、the UK か Britain と言います。England はイギリスを構成する4つの地域の1つ。

My best traveling experience was a family trip to the Hawaii island.

「一番思い出に残っている旅の経験はハワイ島への家族旅行です」

解 説

「ハワイ島」は the island of Hawaii というのが一般的な呼び方です。**The big island とも呼ばれています**。ちなみにハワイを英語で説明すると次のようになります。

There are six major islands in Hawaii: Kauai, Oahu, Molokai, Lanai, Maui, and the island of Hawaii.
「ハワイは6つの主要な島から成っています。カウアイ島、オアフ島、モロカイ島、ラナイ島、マウイ島そしてハワイ島です」

ネイティブならこう答える!!

That has to be my tour around Europe in a 1970s VW camper van. It was unforgettable.

「1970年代製のフォルクスワーゲンのキャンピングカーに乗って、ヨーロッパを回ったツアーに違いありません。いつまでも記憶に残りました」

解 説

has to(have to) の使い方に注目。**この have to … は have got to … の got が省略された形**で「…に違いない」とうこと。**自信を持って「あれだ」「これだ」と言えるとき**に使います。

When I was a college student, I got to live in Germany for about three months. It was fantastic!

「大学生の時、約3ヶ月間ドイツに住む機会がありました。すばらしかったです」

解 説

get to … に注目。アメリカのくだけた言い方でよく耳にします。**「…する機会に恵まれる」**ということで get a chance to … ということ。

That's a tough call. A lot of good memories reflecting on my travels but hitch-hiking from England to Turkey was an eye-opener.

「迷いますね。旅行を振り返るとたくさんのいい思い出ばかりですが、イングランドからトルコまでのヒッチハイキングは考え方が変わるような出来事でした」

解 説

a tough call は口語で「迷う選択;難しい選択」の意味。この call は「決断;判断」。A lot of good memories は I have、あるいは There are がその前に省略されていると考えればわかりやすいかも。reflect on ～ で「～を顧みる」。an eye-opener は「目を見開かせるもの」から、自分の今までの認識が変わるような、新しい発見をした出来事のこと。

ワンポイントアドバイス

良い旅の経験については、日本人回答者、ネイティブ回答者とも似たような返答でそれほど違いはありません。「どこで」という「地名」と、「どんなこと」という「出来事」について話しています。
「旅行」と言えば、travel、trip、tour、journey など表現はいろいろ。使い分け方とよく使われる組み合わせは以下の通りです。

travel「場所の移動を表す旅行一般」
例：travel alone「個人で旅行する」、travel overseas「海外旅行をする」
※このように動詞で使われることが多い。

trip「特定の目的を持って行って戻ってくる旅行」
例：day trip「日帰り旅行」、overnight trip「一泊旅行」、family trip「家族旅行」、business trip「出張」

tour「観光や視察など予定が立ててある旅行」
例：three-country tour「3ヶ国ツアー」、study tour「研修ツアー」、guided tour「ガイド付きツアー」、sightseeing tour「観光旅行」

journey「本格的な陸路での長旅」
例：good journey「楽しい旅行」、cross-country journey「全国横断旅行」、train journey「鉄道旅行」、sentimental journey「感傷旅行」

なお「旅行する」という場合、動詞 make を使って make a trip、make a tour、make a journey といずれも可能ですが、一番よく使われるのが make a trip で、これは「お使いに行く」という意味でも使えます。

Chapter 3

04 Which season do you like best?

どの季節が一番好きですか？

あなたなら何て言う？

何となく好きではなく、なぜその季節が好きなのかという理由も答えられると、その人の人となりや傾向がわかり、会話がさらに広がっていきますよ。

日本人の回答例

Japan has four seasons. I would say I love spring.

「日本には四季があります。おそらく春が好きです」

解説

I would say は、控えめに言いたいときのフレーズ。「おそらく…だろう」「…と言えるでしょう」と自分の意見をより柔らかくしたい場合に使えます。ちなみに **Japan has four seasons. だと教科書的なので、会話だと We have four seasons in Japan. の方が自然**。英語は人中心を好む言語です。

I like winter the best because there are many events like Christmas in the winter.

「冬が一番好きです。冬にはクリスマスのようなイベントがたくさんあるからです」

解説

いい回答ですね。なお、**近年は I like winter best. と最上級 the best の the を落とす**ことも増えてきました。また many events と言っていますので、もう1つ、2つ例があると good。**さらに"言葉の経済性"から、前後からわかることは省略するのが普通**なので、最後の in the winter はなくても OK。

ネイティブならこう答える!!

Winter is the best. I hate being hot in the summer. It's easier to warm up than to cool down!

「冬が一番です。夏場に暑くなるのが嫌です。体を冷やすより温める方が簡単ですから」

解説

hate being ～ は「(自分が)～の状態になる〔いる〕のが嫌い」ということ。I hate being fat.「太っているのが嫌いです」、I hate being alone.「一人でいるのが嫌です」。また、「体を温める」「体を冷やす」は、warm up と cool down で表現しています。

That depends on the country. In the UK, definitely summertime, and in Japan it has to be spring.

「国によります。イギリスでは絶対夏で、日本だと春に違いないです」

解説

これと断定・特定できないときの that depends on ～「～による」を使っています。また、has to(have to) …「…に違いない」も再度登場。このネイティブの口癖かもしれません。

Summer days in Canada, sunny and warm. Autumn colors in Kyoto, especially while soaking in the countryside rotenburo's!

「夏のカナダです。日がよく照るし、暖かいです。京都の紅葉、特に田舎の露天風呂に浸かりながらね」

解説

autumn colorsで「紅葉」の意味。「秋」はイギリスでは autumn、アメリカでは fall が一般的。**while …ing「…している間；…しながら」は、同時にしていることを追加情報として加えるときに使**います。

● while …ing で情報を加える例

I always drive a car while listening to the radio.
「いつもラジオを聞きながら運転します」

She was texting while walking.
「彼女は歩きながら携帯でメールを打ってました」

このようにある動作をしながら別の動作も同時に行っていることを表します。また、the countryside rotenburo's の後には autumn colors が省略されていると考えられます。露天風呂に紅葉の景色が投影されて、まさに紅葉の中に浸かっているかのような心境を表しているのでしょう。

ワンポイントアドバイス

「どれが好きです?」と問われ、日本人回答者の多くが I like 〜、I love 〜 で始めています。間違いではないですが、**ネイティブの返答を見ると、Winter、summertime、Summer days のように最初に季節を持ち出しています**。ここでも言葉の経済性が働いて、質問から**「好き」はわかっているので、省略するのが自然だと感じるからでしょう**。あえて言うとくどくなり、対話の「間」が乱れる感覚もあるのかも。

ところで、Japan has four seasons.「日本には四季があります」は、日本人がよく日本のことを紹介するときに言うことが多いです。

一方、海外の人は国にもよりますが、それほど季節に風情を感じませんし、四季もあるところが多く、「なぜことさらそう言うのか?」と思う人もいます。そこで、次のように説明してあげてはどうでしょうか。

In Japan, we have a lot of seasonal festivals and events. And we tend to look on the seasonal changes with special emotions.
「日本には、たくさんの季節ごとのお祭りやイベントがあります。それで、四季の変化を特別な感情でもって見る傾向があるんです」

Chapter 3

05 Are you taking lessons?

習い事をしていますか?

あなたなら何て言う?

特に習い事をしていない人は、今にこだわらなくても大丈夫です。過去にやっていたこと、これからやってみたいことを想像して話してみましょう。

日本人の回答例

Not at the moment, but I used to take a piano lesson.

「現時点ではありませんが、以前ピアノを習ってました」

解説

「昔よく…したものだ（今はちがうけど）」と言いたいときは、used to … を使います。同じ過去の習慣を表すものに would がありますが、こちらは戻らない昔を懐かしむ心情面が前面に出てきます。Chapter 1-04のワンポイントアドバイスでも出てきました。

I love physical activities. I'm a member of a sports club. I take two aerobics and three Pilates lessons a week. I think sports are incredible ways to enjoy life.

「体を動かすことが好きです。スポーツクラブの会員で、週にエアロビを2クラス、ピラティスを3クラス取っています。スポーツは人生を楽しむすばらしい方法だと思います」

解説

形容詞 incredible には「信じられない」という意味をベースに、「信じられないくらいの量や規模」から**「かなりの；とてつもない」**、そして**「すばらしい；すごい」**に意味が発展していきました。会話によく出てきます。

an incredible amount of money「かなりの量のお金」

That live performance was incredible.「あのライブ公演はすばらしかったです」

ネイティブならこう答える!!

No, but if I had the time then I'd want to study Italian and do that in Italy.

「いいえ。ですが時間があればイタリア語を勉強して、イタリアでそれをやってみたいです」

解説

仮定法で答えています。日常会話でもよく使われ、**事実に反することを仮定したり、想像したり、願望したりするとき**に使います。日本語でもしゅっちゅう使われています。「ボーナスがもっと出れば海外旅行にいくのに」とか、「もう少し目が丸くて二重だったらなぁ」などなど。仮定法の詳しい解説はワンポイントアドバイスで。

I'm currently taking classes to earn my Master's degree. I'll be done next spring!

「今、修士号を取得するため授業を取っています。来春には取れるでしょう」

解説

earn a degree で「学位を取る」の意味。Master's degree なら「修士号」、Bachelor's degree なら「学士号」となります。I'll be done は「未来のある時に学位を取ることがなされている」、つまり「学位が取れている」という意味で、**will はこのまま順調に進んでいった未来を予測しているニュアンス**です。

また動詞の do ですが、口語ではこのようにいろんな行為の代わりに使えるとても便利で有用性の高い動詞です。例えばジムで一緒にエクササイズしている友人に、「あとどれくらいで終わる?」と聞かれ、I'll be done in 20 minutes.「あと20分で終わるよ」のように言えます。この場合は I'll be done = I'll finish という意味です。

I've been reviewing short Japanese conversation videos.

「短い日本語会話のビデオをずっと見直しています」

解説

"have＋been＋…ing" は**現在完了進行形**で、**過去からずっとその行為を継続している**ときに使います。**今後もそれをするという含み**も持っています。

ワンポイントアドバイス

ネイティブの返答からわかることは、**習い事に対する返答は、お稽古ごとに限らず、もっと個人的なことで、自分が今取り組んでいることでも構わないようです**。特になくても「ありません」の一言で片づけず、**とりあえず今熱中していること**を伝えましょう。

● 仮定法について

イギリス人ネイティブの回答で使われていた仮定法ですが、仮定法は if「もし…」ではじまり、その後、事実に反することを心に思い描いたとき、動詞を過去形にします。**時制をずらすことで、現実との距離を出しているわけです。**そこから、**「現在の事実ではない」非現実、反事実という感覚**が出せます。回答の If I had the time は「もし時間があれば（実際にはない）」ということで現在の事実に反する仮定をしています。そして後半も I would want to … と will の過去形の would を入れることで「…したいだろう（実際にはそうではない）」ということを表しています。

一方、ここで **If I have the time とすると、仮定ではなく単なる条件になるので、時間がある可能性が実際にある（およそ五分五分くらいの確率で）**ことになります。if が聞こえてきたら、その後に来る動詞の時制に気をつけると、仮定法の感覚が磨かれていきます。

今回のまとめ

習い事の返答は
お稽古ごとでなくてもOK!

Chapter 3

06 What English songs bring back memories for you?

思い出の洋楽は何ですか？

あなたなら何て言う？

音楽は会話のネタには持ってこい。思い出の曲とその曲にまつわるエピソードを答えてみましょう。相手も知ってる曲だと盛り上がること間違いなしです。

日本人の回答例

I like "Yesterday once more" by the Carpenters.

「カーペンターズの『Yesterday once more』が好きです」

解説

by the Carpenters のように**「誰々の（曲）」と言うときは前置詞 by** を使います。by は「すぐそば」を表し、そこから「寄り添う」という意味合いが生まれました。“曲名＋by＋人”で曲に寄り添っている人、つまり「曲を歌っている行為者」という解釈になります。

A long time ago I watched TV and I saw my favorite musician playing the guitar and singing The Beatles cover song "Woman". This song takes me back.

「昔テレビを見ていたときに、私の好きなミュージシャンがギターを弾きながら歌ったビートルズのカバー曲『Woman』です。私の思い出の曲です」

解説

情報の流れが今ひとつわかりづらいので、「結論」→「説明」のスタイルにした方が流れがスムーズになります。ここはまず It's "Woman" by the Beatles. と述べて、次に A long time ago, I saw my favorite musician doing a cover of that song with the guitar on TV. This song takes me back. とすると理解しやすくなります。ちなみに do a cover of 〜 は「〜の曲をカバーする」という意味で使えます。

ネイティブならこう答える!!

"Stop", by Erasure, brings back great memories of hanging out with my friends from school.

「イレイジャーの『Stop』を聞くと、学生時代の友人たちと遊んでいた頃の素敵な思い出がよみがえってきます」

解説

"曲名+ bring back memories" で**「曲を聴くと思い出がよみがえる」**の意味です。この型が思い出の曲を聞いて「懐かしい」という感情を表すときによく使われます。また、過去を思い出させる「思い出の曲」と言いたいときには、上で紹介した take back「〜を思い起させる」を使って、This song takes me back.「この曲は思い出の曲です」でもいいでしょう。

No matter how hard I think about this, I just can't decide! Too many memories, I guess.

「どんなに一生懸命考えてみても、これと決められません。あまりにも多くの思い出があり過ぎるのだと思います」

解説

これと一曲に絞れない場合の返答の仕方です。I just can't decide! と言っておいて、その理由を I have(There are) too many memories. だからという流れです。 no matter how … で「どんなに…しても」、think hard で「よく考える；じっくり考える」の意味。

Just about anything played on my favorite Vancouver rock station.

「私のお気に入りのバンクーバーのロック専門のラジオ局でかかる曲ならどんな曲でも」

解説

played は動詞ではなく前の代名詞 anything を説明してる過去分詞。ここは「(曲が) かけられる」→「かかる」の意味。また「ラジオ局で」という場合、on the radio station と前置詞 on を使います。on は「接触」を意味しますが、on the bus、on the train、on the railroad のように、乗り物が出発点から目的地に向かって軌道の運航路線を移動する場合、そこに乗り物と路線の間に「線としての接触」を感じることができます。この感覚が、ラジオ局が発信する電波にも適用され、聴取者に向けての発信内容が、既定の電波路線に乗って「線上」に届くという解釈で、on を使うのだと考えられます。このように「経路」という認識が on と深く結びついているのです。

ワンポイントアドバイス

思い出の曲について語ることは多いもの。そんな**「曲を聞いていろんな思い出がこみ上げてきて懐かしい」と言いたいときに使える定番表現がbring back memories「思い出がよみがえる」**です。アメリカ人ネイティブが使っていましたね。

This song brings back good memories.
「この曲を聴くと良い思い出がよみがえってきます」→「この曲懐かしいな」

このように、思い出をよみがえらせてくれるものを主語に置きます。なお、memoriesの前に次のような形容詞を置くことで、より細かな心情を伝えることができます。自分のバージョンをいくつか作っておきましょう。

happy「楽しい」
favorite「一番の」
special「特別な」
painful「つらい」
wonderful「素敵な」
sweet「甘い」
strong「強烈な」
bitter「苦い」
fond「心温まる」
precious「大事な」
fresh「生々しい」
sad「悲しい」

などなど。

今回のまとめ

思い出の「懐かしい」は bring back memories を使おう!

使いまわしがきく回答のまとめ集

ここでは、Chapter 3で出てきた質問の別回答を紹介します。英文で使われている語句や構文を活用して、自分バージョンの回答文を完成させましょう。

I'm enjoying going on one-day trips to Hakone.
「箱根に日帰り旅行することにハマっています」

Since I started doing YOGA, my whole lifestyle has changed.
「ヨガを始めてからというもの、自分の生活スタイルすべてが変わりました」

I'm interested in SNS, but I'm worried about privacy issues.
「SNSに興味はあるのですが、プライバシーの問題が心配です」

Any other season than summer is OK. In Japan, it's too hot and humid in summer.
「夏以外の季節ならどれでも大丈夫です。日本の夏はあまりに暑くて湿気がすごいですから」

I don't have time to go to the gym these days.
「最近、ジムに通う時間がないんです」

I'm learning how to play the guitar referring to YouTube these days.
「近頃はYouTubeを参考にしながら、ギターの弾き方を習っています」

I used to visit Paris very often. I was attracted to graceful elderly women walking on the streets more than anything in the city.
「以前よくパリに行きました。街で何より心惹かれたのは道を行く優雅な年配の女性たちでした」

I love "Three Times A Lady" by Commodores. My father would listen to it while drinking at night.
「コモドアーズの『Three Times A Lady』が好きです。父がよく夜お酒を飲みながら聴いていたものです」

Chapter 4

私の人間関係

Chapter 4

01 What's the most important quality in a person to you?

あなたにとって、人の資質で最も大切なことは何ですか？

あなたなら何て言う？

「資質」というと少し難しい印象を受けるかもしれませんが、性格や性質も含めて自分がすでに持っているもの、これから身につけたいものを述べると、お互いの理解が深まる会話になるでしょう。

日本人の回答例

It's progress spirit.

「進歩する精神です」

解説

「進歩する精神」は「向上心」と解釈し、**ambition「野心；野望」**や **aspiration「大望；向上心」**という言葉を使って、I have ambitions(aspirations).「私には向上心があります」にした方がいいでしょう。

It is to be thoughtful of others.
I think it's easier said than done, but I try to do so.

「他人に思いやりを持つことです。『言うは易し、行うは難し』ですが、そうするようにしています」

解説

「他人に思いやりを持つことだと思います」は I think it's thoughtfulness for others. としても O K。**it's easier said than done** は、ことわざで**「口で言うことは簡単だが、実際に行うことは難しい」**という意味です。

ネイティブならこう答える!!

I value creativity in people; as an artist, it's very important to me!

「私はその人の中にある創造性を評価します。芸術家として、私にはそれがとても重要なんです」

解説

"I value＋評価すること（名詞）＋in＋人"の形は、人を評価するときに使える表現です。I value uniqueness in her. なら「彼女の人とは違うユニークさを評価する」、I value passion in him. なら「彼の情熱を評価する」という具合。

'Sincerity', pure and simple. It has to be this.

「まさに誠実さです。これに尽きます」

解説

pure and simple は、成句として名詞の後ろに置いて**「純然たる；まさに～そのもの」という意味**。前の名詞を強調して際立たせる用法です。例えば、education, pure and simpleであれば「純然たる教育；まさに教育そのもの」ということで education を強調しています。

A sense of humor. Not being able to have a laugh, especially at oneself would be a nightmare!

「ユーモアセンスです。特に自分自身を笑い飛ばせないことは最悪です」

解説

a sense of humor「ユーモアのセンス」は人の大事な資質だとよく欧米人は言います。いいスピーチの中にはユーモアが入っているものと考えられています。have a laugh at oneself とは「自分をだしに笑いにする」ということ。nightmare は「悪夢」。

ワンポイントアドバイス

日常会話では、質問の返答で主語と動詞が完全に揃ったフルセンテンスで必ず答えなければならない、というわけではなく、むしろ省略する方が自然で普通です。また、質問とまったく同じ単語を使うのは、何か特別な理由があるとき以外は、むしろ稀です。

ここでもイギリス人ネイティブは It is 'Sincerity', pure and simple. とは言ってませんし、カナダ人ネイティブも It is a sense of humor. とは答えていませんね。例えば、What did you eat last night?「昨晩は何を食べた?」と聞かれれば、Sushi か I had sushi. と答えるのが自然で、I ate sushi last night. と答える人はあまりいません。
これは、**文脈からお互い情報が共有されている場合、省略しても誤解が生じることはなく、その分労力も省けるため、効率よく会話のやり取りを進めることができるからです**。

今回の質問に関連して、人の資質に使える単語をご紹介します。どれくらい自分に当てはまるかを測定してみましょう。

	5(とても)	4	3(普通)	2	1(違う)
活動的な　active					
明るい　cheerful					
冷静な　calm					
柔軟性がある　flexible					
おもしろい　funny					
粘り強い　persevering					
謙虚な　modest					

今回のまとめ

日常会話の返答では
わかっている情報は
省略されるのが普通。

Chapter 4

02 What topics do you usually talk about with your close friends?

親しい友人と普段はどんな話をしますか？

あなたなら何て言う?

親しい友人との話題を思い出して、具体的に述べてみましょう。特にこれといって思い出せないときや、色々と思い浮かぶときの言い方も考えてみましょう。

日本人の回答例

I usually talk about what happened around the area I live in including political issues.

「いつもは政治問題を含め自分の生活圏内での出来事について話します」

解説

「問題」にもいろいろあります。problem は、「（困った）解決すべき問題」、trouble は「個人的な障害となるもの」、そして issue は「話し合いや議論の対象となる問題」の意味です。政治の場合は issue を使うのが普通です。

I tell each other what we have been doing recently.

「お互いの近況について話します」

解説

「近況」にあたる英語もいろいろです。最近流行りの update「〜を更新する」を使って、**Let me update you on what's going on.**「何が起きているのかに関してあなたにアップデートさせてください」→ **「近況報告させてください」** のような言い方もできます。

ネイティブならこう答える!!

I have many interests, so I guess it depends on who I'm hanging out with.

「いろんなことに興味があるので、誰と一緒に時間を過ごすかによると思います」

解説

「人によって違う」という場合の答え方です。**hang out with 〜 はくだけた言い方で「〜と遊ぶ；〜と一緒に時間を過ごす」という意味で**す。ちなみに a hangout と名詞にすると「たまり場；よく行く遊び場」に。Where's your hangout? と聞かれたらあなたはどこと答えますか？

We talk about our favorite things – music, movies, books, TV shows, games – and current events.

「お気に入りの話題について話します。音楽、映画、本、テレビ番組、ゲーム、そして時事問題も」

解説

「具体的にこんなことやあんなこと」という場合の答え方です。**current events** は直訳で「最近の出来事」、つまり **「時事問題」** のこと。**ネイティブが current events と言う場合、政治や経済に関することが多くなります。**

To be honest, with my closest friends anything goes. There's no limit to what we can talk about.

「正直、親しい友人となら何でも話します。話せる内容について制限はありません」

解説

「どんなことでも」という場合の答え方です。**Anything goes. は決まり文句で「何でもあり」という意味。** 次の文で There's no limit to ～「～に制限はない」と別の言い方にしています。

ワンポイントアドバイス

「友人とはどんな話題の話をしますか？」のネイティブの返答が、

① 「相手による」
② 「具体的な話題」
③ 「何でも」

にきれいに分かれました。

この3パターンさえ押さえておけば返事に困ることはないでしょう。人が話す話題で一番多いのが、個人の「近況（what you're doing these days）」や「時事問題（current events）」なので、ここで出てきた言い方や関連表現を覚えておけば役に立つはずです。

その他、経済（economy）、犯罪（crime）、病気（disease）、教育（education）、旅行（travel）、ワイドショー（programs that mainly deal with show-business gossip）などもよく話題になるトピックです。

今回のまとめ

「特に制限なし」や「色々」は Anything goes.「何でも」が便利！

Chapter 4

03 Can you get along with people with different sense of values?

違う価値観の人ともうまくやれますか?

あなたならなんて言う?

これまでの人生で一人や二人は価値観の異なる人と会ったことがあるはず。そんな自分とは別タイプの人とも仲良くできるかできないのか、その理由も会話に盛り込んでみてください。

日本人の回答例

I would like to think I can. But when it is too far off, then I am not so sure.

「できると思いたいですが、あまりに離れすぎているときは、どうかわかりません」

解説

「あまりに**かけ離れ過ぎて相容れない**」と言いたいときは Our values are **worlds apart.** と言ってもいいでしょう。違いの程度を強調したい場合に使え、洋楽の歌詞などにもよく出てきます。

No, I can't. I try to get along with people with different sense of values. But actually it's difficult to do that.

「いいえ、できません。違う価値観の人とうまくやろうとはしてますが、実際のところ難しいです」

解説

try to … を使うことで「やろうとしている」という試みが感じられます。現在時制にしているので、常日頃そうしているメッセージが伝わります。different sense of values は質問文と同じ表現の繰り返しになってしまうので、different values と短くしてもいいでしょう。

ネイティブならこう答える!!

That depends.
I can be polite and professional, but that's it.

「人によります。礼儀正しくプロとしての付き合いはできますが、それだけです」

解説

That depends (on the person)「人によって異なる」と前置きして、「礼儀正しくプロとしての付き合いはできる」、つまり**「表面上はうまくやれる」を I can be polite and professional.** としています。一見簡単そうですが、なかなかこの意味では思いつかない表現です。

At a superficial level, get along with perhaps. But it really depends on what kind of values you're talking about.

「表面上は、たぶんうまくやれます。でも実際には話しているものがどういった種類の価値観かによります」

解説

このネイティブも、depend on を使って、一概に言い切れない旨の返答をしています。また、アメリカ人ネイティブ同様、At a superficial level, (I can) get along with.「表面的にはうまくやれる」という発言をしています。

I like to be open to values other than my own – one of the things I learned so much from travelling is the diversity around the world.

「自分以外の価値観にオープンでありたいです。旅行からたくさん学んだことの1つが、世界の多様性だからです」

解説

質問に対して、肯定的にそうでありたいと答えています。その理由に、旅行した際、国によって価値観が異なる、その **diversity「多様性」** を学んだからという理由をあげています。

ワンポイントアドバイス

日本人回答者の返答は、漠然とした一般論が圧倒的に多いのに対し、ネイティブの返答は個人的なことも含めてかなり具体的に理由を説明しています。また、depend on を使って、Yes / No とははっきり言えないときの対応をしている人もいます。**「漠然」対「具体的」、「一般的」対「個人的」といった返答のスタイル差**が見て取れますね。

「価値観」の定番表現は、We have の後に次のような語句を続けます。the same values「価値観が同じ」、different values「価値観が違う」、similar values「似た価値観をしている」。

また、family values「家族観（家族に重きを置く価値観）」、Western values「西洋的価値観」、traditional values「伝統的な価値観」などの単語とも相性が良く、一緒によく使われます。

My wife and I share the same family values.
「妻と私は家族観が合うんです」

今回のまとめ

英語は「具体的」&「個人的」を好む。
That depends. は
一概に言えないときの切り札!

Chapter 4

04 Do you express yourself openly?

オープンに自分のことを話しますか?

あなたなら何て言う?

日本人と比べて外国人はより積極的に話すイメージがありますよね。とはいえ、私たち日本人も親しい人とならオープンに会話できる人も多いはず。話す相手を想定して自分の傾向を語ってみましょう。

日本人の回答例

No, I don't. I rarely express myself openly.

「いいえ。めったにオープンに自分のことは話さないです」

解説

rarely「めったに…ない」は否定の意味で頻度が非常に少ないことを表します。会話でよく使われて、書き言葉では seldom「めったに…ない」の方が好まれます。一般動詞の前に置かれるのもその特徴です。

It depends on the partner.

「パートナーによります」

解説

英語の **partner** には **「配偶者；恋人」** という意味もあります。そこで、ここは「話している相手」と考えて、who I'm talking to「誰と話しているか」とした方が better。**It depends on who I'm talking to.「話す相手によります」** はよく使われる定型句。

ネイティブならこう答える!!

As best I can according to the situation. Trying to rely on reading between the lines can easily lead to misunderstanding.

「状況次第で、なるべく努力します。行間を読むことに頼ろうとすると容易に誤解につながりますから」

解説

as best one can で **「できるだけ〔うまく〕;なるべく〔～しようと努力して〕」**。according to the situation で「状況次第で」となります。次の文は熟語が多く、rely on ～ は「～に頼る；～を当てにする」、read between the lines は「行間を読む；言外の意味をくみ取る」、lead to ～ は「～につながる」の意味です。

Oh, yes. All the time! I'm not shy at all!

「はい。いつもです！　まったく人見知りはしないですから」

解 説

人にオープンであること、誰とでも気楽に話せることを shy を使って I'm not shy. としています。**「人見知り」** は shy with people ですが、**shy だけでもOK。** ちなみに I'm camera-shy. はどういう意味かわかりますか？これで、「カメラが苦手」つまり「写真を取られるのが苦手です」ということ。

On the whole I'd say I do. But again, this really depends on who I'm talking to.

「概して、そうだと言えます。でも、前にも言ったように実際は話している人によります」

解 説

一概にどちらか言えないときの depend on「〜による」を使って、This depends on who I'm talking to.「話し相手による」としています。

ワンポイントアドバイス

オープンに話せるかどうかは、日本人回答者のほとんどが No、あるいは相手によるというものであったのに対し、ネイティブは概ね Yes の傾向が強いことがわかります。エレベータなどで、見知らぬ人と乗り合わせ目と目があったら必ず Hi! や It's hot in here. など黙ってないで、何か一言言葉にするのが英語文化の流儀というわけです。**根底には相手に自分は敵では**

ないよ、というある種多民族国家ゆえの自己防御本能が深層心理にあるものと考えられます。相手がどこのどんな人物だか得体がわからないという「不安」を皆抱えているんです。

そこで、見知らぬ初対面の人との間で起こる沈黙を避けるための最初の一言を紹介しましょう。相手の返答があって話を膨らませてもいいですし、これで終わりでも構いません。言葉のやり取りをしたという事実が大事なのです。

● あいさつ表現

Hi! How are you? / How are you doing?「ごきげんいかが？」
― Good. And you?「いいです。で、あなたは？」

● 天気の話

I heard it's going to be very hot today.「今日は暑くなるらしいですね」

● 共有している場所へのコメント

This is a very peaceful place.「心が落ち着く場所ですね」

● 相手の持ち物へのコメント

I like your tie.「ネクタイいいですね」

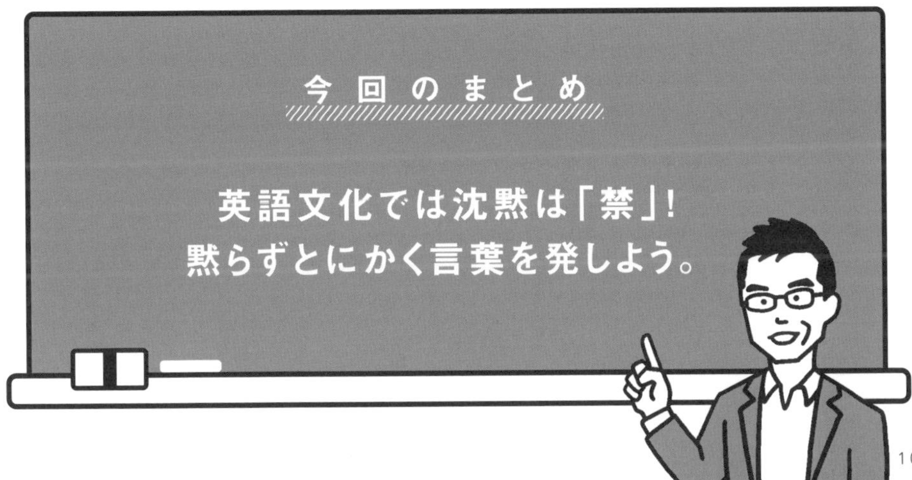

05 Are you punctual?

時間はきっちり守りますか?

あなたなら何て言う?

単に時間を守るかどうかだけでなく、時間そのものに対する考え方や、時間を守るために普段自分が取っている行動についても話してみましょう。

日本人の回答例

Yes. Time is money. It's my policy.

「はい。時は金なり。私のポリシーです」

解説

「私のポリシーです」は、It's my personal rule. とした方がいいでしょう。policyは「何かを行うときの方針や指針」を意味し、自分自身よりも企業や団体の考え方という意味でよく使われるからです。また個人の行動面を強調したいならmottoを使って、It's my personal motto. としてもOK。

I always try my best to be punctual.

「いつも時間厳守になるよう努力しています」

解説

「努力する」を try my best としているのはお見事。best つながりで、よく「全力で頑張ります」を **I'll do my best.** と言う人がいます。**英語では「やるだけやってみますが、結果はどうなるか約束できません」という、「とりあえずやる」というニュアンス。**おすすめは I'll work hard. です。日本語の「努力します；頑張ります」に近い表現です。

ネイティブならこう答える!!

I'm usually 30 minutes early everywhere I go, just in case there are problems with public transport. I hate being late!

「どこへ行くにもたいてい30分は早く着きます。念のため、公共交通機関に問題があるといけないので。遅れることが大嫌いなんです」

解説

「30分早めに行く」を I'm 30 minutes early. のように表現しています。簡単ですが意外に出てこない言い方です。everywhere I go で「行くところはどこでも」→「どこへ行くにも」という1つの意味のかたまり。just in case は後ろに一文の形（節）をとって、「念のため…なので」という用法です。

Pretty much, yes. But, when I think that I've got enough time, I usually end up being late.

「だいたいそうです。でも十分に時間があると思うときは、結局大抵遅れてしまいます」

解説

pretty much は100% Yes ではないけれど、「だいたいそう」というニュアンス。会話でよく使われます。end up …ing は「結局…する；…する羽目になる」という口語フレーズ。

I can be but prefer some flexibility.

「時間厳守になることはできますが、多少の融通は欲しいですね」

解説

I can be は会話でよく見られる省略で、I can be (punctual). のこと。**助動詞 can は、「そうしようと思えばそうすることができる」という能力**を表しています。flexibility は「融通；柔軟性」の意味。ここも (I) prefer some flexibility. と省略されています。

ワンポイントアドバイス

日本人は公私にわたって約束した時間を守る（punctual）人が多いです。**筆者の個人的な経験ですが、欧米人（特にアメリカ人）は人によって差が激しく、仲間内のカジュアルな約束の場合は、時間にルーズ（not punctual）な人が多い印象です**。

● **関連表現**
I'm punctual. / I'm always on time.「時間はきっちり守ります」
I'm usually on time.「たいてい時間は守ります」
I'm not punctual. / I'm always late.「時間にルーズです」
I'm always 10 minutes late.「いつも10分遅れます」
I'm usually 10 minutes early.「たいてい10分前には着きます」

ちなみに「約束」といえば、日本語でも人と会うときにアポイントメント（appointment）という言葉が広く使われるようになりました。そこで以下のような文を耳にすることがあります。

I have an appointment with my friend.「友達と会う約束がある」

意味が通じないことはないですが、**appointment は通常ビジネス、医療クリニック、美容院、マッサージ店などで、誰かとある時間に会う取り決めのこと**で、フォーマルに響く言い方です。なので、友達と会って飲みに行ったり、お茶したりなどのカジュアルな場合には使いません。そういうときは、I'm going to meet my friend. とするといいでしょう。

今回のまとめ

約束時間に対する態度を語るときは、punctual、early、late を使おう!

Chapter 4

06

Who do you turn to when you need some advice?

アドバイスが必要なとき、誰に相談しますか?

あなたなら何て言う?

友人、パートナー、家族、上司など、何で悩んでいるかによっても相手は異なるはず。相談相手や相談している状況を思い浮かべると、良い回答フレーズが思い浮かんでくるかも!?

日本人の回答例

If I have trouble, I take advice from my wife and my family.

「問題があるときは、妻と家族からのアドバイスに耳を貸します」

解説

take advice from 〜 で「〜の意見に耳を貸す」の意味。なお、ここの**「問題があるとき」**は、どんなときにアドバイスに耳を傾けるか、ということなので if「もし…ならば」ではなく、時を表す when を使います。したがって、**If I have trouble → When I have trouble としましょう。**

First, I think for myself.
Next, I talk to someone who is close to my thinking.

「最初は自分自身で考えます。次に考えが近い人に話します」

解説

「自分自身で考えて」は try to work it out myself「自分自身で解決しようと試みる」とした方が better。**work out には「問題を解決する」という意味があります。**「考えが近い」は someone who shares similar values「似たような価値観を共有する人」とした方がより英語的。

ネイティブならこう答える!!

I don't usually ask for advice; it's usually my friends and acquaintances asking me for advice!

「私は普段はアドバイスは求めません。私にアドバイスを求めるのは友人や知人ですね」

解説

後半部は it's usually ～ (who are) asking me for advice! ということで、進行形を使っています。このように**進行形が usually「普段」と一緒に使われると、行為の繰り返しが強調されて、不平やいらだちを表すニュアンス**になります。ちなみに副詞の always「いつも」や constantly「絶え間なく」の場合も同じ用法となります。

Someone with the specific knowledge or experience and someone I can believe, will be honest about it.

「専門知識と経験、そして私が信用できる人なら嘘偽りのない返答をしてくれるでしょう」

解説

「～な人」と言うときの **Someone with ～** に注目です。「～を持っている」という**所有関係を表す前置詞 with** を使っています。a woman with short hair「短い髪の女性」、someone with creative ideas「クリエイティブなアイデアを持った人」といった具合ですね。

Case-by-case, really. There's no one person that I turn to. I guess I rely on various people for different advice.

「そのときの状況によるんですよね。相談するのは一人だけではないからです。異なるアドバイスを求めて、さまざまな人に頼ると思います」

解説

case-by-case「状況による」は一概に何とも言えないときに使います。もちろん、It depends. でもＯＫ。**case-by-case はそれぞれの事例を一つ一つ念頭に置いて対処していく**、という意味合いが感じられます。

ワンポイントアドバイス

悩んだときの相談相手については、日本人もネイティブもそれほど変わらないようです。

someone with the specific knowledge or experience「その道に精通した人」、I don't usually ask for advice「自分で解決する」、

case-by-case「場面や状況、問題による」のような似た答え方をしています。ここでは、相談にまつわる会話表現を見ていきましょう。

● 「相談相手」を使った日常フレーズ

I always have someone to turn to / go to.
「常に相談相手がいます」

I have no one to turn to / go to.
「相談相手が一人もいません」

Mt mother is a good person to turn to / go to.
「母は良い相談相手です」
※ turn to / go to は「当てにする、頼る」という意味。

● 相談を切り出すときのフレーズ

Can I talk to you in private?
「個人的なことを話してもいいですか？」
※ in private があることで人に言えない相談だとわかる。

I have something that I want to ask you.
「聞きたいことがあるんです」
※ something that I want to ask you「あなたに聞きたいこと」を I have「私は持っている」ということ。ちょっぴり遠回しに相談事があることをにおわせる言い方。

使いまわしがきく回答のまとめ集

ここでは、Chapter 4で出てきた質問の別回答を紹介します。英文で使われている語句や構文を活用して、自分バージョンの回答文を完成させましょう。

I like people who can look on the bright side.
「物事を良い方に考えられる人が好きです」

I was cold to people myself, I guess.
「私自身、愛想が悪かったと思います」

What we watch on TV or YouTube is our favorite topic.
「テレビやYouTubeで観たものが私たちのお気に入りの話題です」

Some people are difficult to get along with.
「うまく付き合うのが難しい人もいます」

I can't stand people who are bad at time management.
「時間にルーズな人は我慢できないです」

I'm shy at first, but once I get to know people, I'm pretty talkative.
「最初は恥ずかしがり屋ですが、仲良くなるとかなりおしゃべりなんです」

I always choose people that I can open up to.
「心を開く相手はいつも選んでいます」

When I need some advice, I usually call my big sister. She has a lot of experience in life.
「アドバイスが欲しいときは姉に電話します。姉は人生経験が豊富ですから」

Chapter 5

私の健康生活

Chapter 5

01 Are you a morning person, or a night person?

朝型ですか？　それとも夜型ですか？

あなたなら何て言う?

自分の生活スタイルを分析し、朝型なのか、夜型なのかを答えましょう。朝だとより勉強がはかどる人や、夜になるとアイデアがわく人などさまざま。その理由や根拠と一緒に回答すると説得力がアップします。

日本人の回答例

I'm a morning person. I can start the day well.

「朝型です。スムーズに一日の活動をはじめることができるからです」

解説

「スムーズに一日の活動をはじめる」は start the day right の方が better。日常でよく使われる言い方です。目が覚めて、シャワーを浴びてすっきりして、バランスの取れた朝食、そしてお気に入りのスーツを着ていざ会社へ、と滞りなく一連の行動がスムーズにいったときなどに I'm starting the day right! とすると一言で決まりますよ。

I am a morning person because I wake up at 5 a.m. and go to bed at 7 p.m. every day.

「朝型です。というのも毎日朝5時に起きて7時には寝ています」

解説

a morning person は an early riser「早く起きる人」や an early bird「早起きの人」とも表現できます。 go to bed は「就寝する」の意で、**go to the bed との違いに注目。** 前者は the がないので、ベッドで行われる活動や行為（＝寝る）を表し、後者は物理的に「ベッドのところに行く」という意味。冠詞 the のあるなしで意味が変わります。

ネイティブならこう答える!!

I'm definitely a night owl.
I feel much more creative and energetic at night.

「間違いなく夜型です。夜だとより創造的、エネルギッシュな気持ちになります」

解説

definitely は話し手の確信度がかなり高いことを示し、certainly「確かに」に近いです。
owl は「ふくろう」の意味で「アウル」と発音。そして、a night owl とは a person who prefers to be awake and active at night「夜に起きていて活動することを好む人」の意味。つまり、**a night person と同じ意味**になります。

More of an early bird on working days and a night owl on weekends and holidays.

「むしろ勤務のある日は早起きで、週末や休日は夜更かしします」

解 説

(I'm) more of ～ は「(私は) むしろ～だ；どちらかと言うと～だ」の意味。more of A than B「BというよりA」の比較の形が、会話では than B がよく省略されます。ここは A に当たる部分が an early ～ holidays まで。

Neither. As long as I get enough activity and rest, I'm fine getting up in the morning and rarely have a problem getting to sleep.

「どちらでもありません。十分な活動と休息が取れる限り、朝起きるのも大丈夫だし、めったに寝つきが悪いということもありません」

解 説

朝型夜型どちらでもないことをここでは、まず Neither「どちらでもない」と答え、その後説明を付け足しています。as long as … は「…する限り」、get to sleep で「寝つく」の意味です。

ワンポイントアドバイス

朝型か夜型かの返答で、**一般に日本人回答者は「何時に起きる／寝る」や「普段やっている」その前後の行動パターンについて触れることが多いのに対し、ネイティブは、なぜそうなのかの理由をあげています**。
それでは朝よくやっている行動を英語で何と言うのかを紹介していきます。

● 「朝」に関連した日常表現

I wake up to the alarm clock. 「目覚ましで起きる」
I stretch myself. 「伸びをする」
I have trouble getting out of bed. 「なかなか布団から出られない」
I go back to sleep. 「二度寝する」
I say "Good morning" to my family. 「家族に『おはよう』と言う」
I toast bread in a toaster. 「トースターでパンを焼く」
I drink my coffee black. 「コーヒーをブラックで飲む」
I brush my teeth. 「歯を磨く」 ※I wash my teeth. は「入れ歯を洗う」。
I put on perfume / lipstick. 「香水／口紅をつける」
I set my hair. 「髪と整える」
I put in my contacts. 「コンタクトをつける」
※wear contacts は「すでにコンタクトをつけている状態」で put in は動作。
I try summer business casual outfits. 「クールビズの服装をする」
※outfit は「服装（服の組み合わせ）」。
I lock the front door. 「玄関の鍵を閉める」

このように、自分が朝に行う一連の動作を言えるようにしておきましょう。

今回のまとめ

「朝型か」「夜型か」の返答は
なぜそうなのかの理由も加えよう！

Chapter 5

02 What do you do to stay fit?

健康維持のために何をやってますか?

あなたなら何て言う?

健康志向が高まる昨今、話題にあがりやすい質問の1つです。日常生活を振り返って、「運動」や「食事」など普段、自分がやっていることや、気をつけていることを述べてみましょう。

日本人の回答例

I do exercise after the shower everyday.

「毎日シャワーの後、運動をしています」

解説

「シャワーを浴びる」は、after the shower でも通じなくはないと思いますが、**英語は具体的に shower をどうするかを述べる傾向があるので、after taking the shower の方が better。**

I keep regular hours.

「規則正しい生活をしています」

解説

keep regular hours で **「規則正しい生活をする、早寝早起きする」** という意味。ちなみに「早寝早起きをする」は、英語圏の人に親しまれている言い方として Early to bed and early to rise. があります。これは、ことわざ Early to bed and early to rise makes a man healthy, wealthy and wise.「早寝早起きは人を健康に、裕福に、そして賢明にする」から来たものです。

ネイティブならこう答える!!

Hiking, occasionally jogging and the gym.
I enjoy a long walk to the bath houses.

「ハイキング、たまにジョギングとジムに行きます。銭湯までの長い道のりを楽しんでいます」

解説

(I go) hiking, occasionally (I go) jogging and (I go to) the gym. が正式な文になります。何度も出てきた **「省略」という現象** です。「同じ言葉の繰り返しは避ける」、これは **特に話し言葉に顕著で、本書のネイティブの返答でも頻繁に見られます**。ここで今一度確認しておきましょう。

I run about 2 miles every other day, and then go to the gym about 4 times a week. But now, with COVID, I just work out at home.

「一日おきに3キロほど走って、それから週4回くらいジムに行ってます。でも今コロナ禍なので、家でちょっと運動するくらいです」

解説

原因・理由を表す with「〜のせいで」に注目。強調したいので文頭で使っていますが、文末においてもOK。理由と言えば because ですが、このように後ろに名詞を続けて **with で表現することもできます。**

You can't say I'm a couch potato, but eating right is the most important to staying fit, isn't it?

「家でゴロゴロするタイプではないですが、健康的な食事をすることが健康維持に最も大事なことですよね」

解説

a couch potato とは、「ソファーの上に転がっているジャガイモ」にたとえて、ソファー(カウチ)で寝そべったまま動かずにだらだらと時間を過ごす人のこと。eat right「**健康的な食事をとる**」と stay fit「**健康を維持する**」は健康の話題ではよく出てくる定型表現。

ワンポイントアドバイス

健康維持のトピックは、日本人回答者とネイティブとの間で内容的にそれほど違いは見られません。**具体的にやっている運動や活動、あるいは食事法について話すのが一般的**なようです。

● **原因・理由の前置詞 with について**

アメリカ人ネイティブが with COVID と使っていた with は「何かと何かが一緒にいる」が基本。そこから、「ある状況が一緒にあって」という、原因や理由にもよく使われます。強調したいときは、文頭に出してもいいでしょう。

With the coronavirus, I'm now working from home.
「コロナで今はテレワークしています」

With joy, I jumped up.
「嬉しくて飛びあがってしまった」

With embarrassment, my face turned red.
「恥ずかしさで、顔が真赤になった」

I was shivering **with cold**.
「寒かったので震えてました」

His back is bent **with age**.
「年のせいで彼の腰は曲がっています」

I was down **with the flu** last weekend.
「先週末はインフルエンザで寝込んでました」

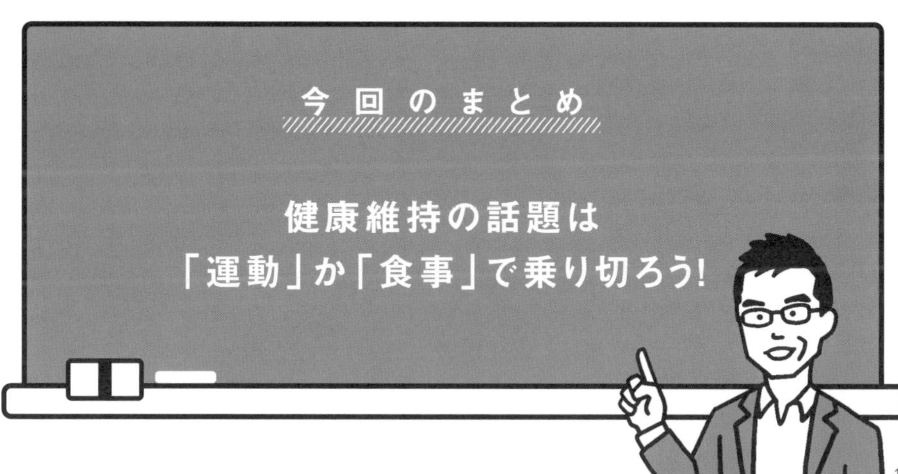

03 Do you have any allergies?

アレルギーはありますか？

あなたなら何て言う？

今や現代病の1つとなり、花粉症や食べ物アレルギーはかなり身近な話題となりました。何の種類のアレルギーを持っていて、それが日常生活にどのような影響を与えているかまでを英語で表現してみましょう。

日本人の回答例

Luckily, I don't have severe allergy.

「幸運にも重いアレルギーはありません」

解説

allergy「アレルギー」は、**数えられる名詞で通常 allergies と複数形**にします。よって Luckily, I don't have severe allergies. の方が better。なお「〜にアレルギーがある」というときは前置詞 to を使って、I have allergies to 〜 となります。

No, I don't. I feel sorry for those who do.

「いいえ、ありません。アレルギー持ちの人たちを気の毒に思います」

解説

feel sorry for ～ で「～を気の毒に思う；～に同情する」、those who ～ で「～する人々」の意。**do を使っているところがとても自然**。これは have allergies の代用で、**すでに質問で使われているので、同じ語句の繰り返しを嫌うという英語の性格にかなっています**。

ネイティブならこう答える!!

I'm allergic to the trees in Japan. I have such bad allergies that I can't leave the house from February through May!

「日本にある木にアレルギーがあります。とてもひどいアレルギーなので、2月から5月は家から外へ出れません！」

解説

be allergic to ～ で「～にアレルギーがある」。such … that ～は「とても…なので～である」という意味で、「あることのせいで、その結果こうなっている」と言いたいときに使えます。
through は「通過のイメージ」から「～の間ずっと」という意味で、from February through May は「2月から5月まで」ということ。from February to May とも言えますが、**through を使った方がそのニュアンスはよりはっきり伝わります。**

None that I know of.

「私の知る限りありません」

解説

これで1つの成句。that I know of「私の知る限り」が None「何もないはず」ということ。**この言い方には、自分が知らないだけで、もしかしたらアレルギーを持っている可能性はあるけどね、という含みがあります。**短いですが、単に Yes や No で答えるより、ちょっとおどけて見せて場を和ませるなかなか高度な返しと言えます。

None that I know of. But I've heard that you can develop them any time in your life.

「私の知る限りありません。でも、人生のうちいつでもアレルギーが出る可能性があるそうです」

解説

こちらも同じ返しを使っています。日本人にはなかなか出てこない表現です。次の文で使われている **develop は「(アレルギーなど病気を) 発症する」**という意味。develop cancer で「がんを発病する」、develop Alzheimer's disease なら「アルツハイマー病になる」という具合。

ワンポイントアドバイス

アレルギーも人それぞれですが、ある場合は、**具体的にどんなアレルギーで、そのためどんな不都合や困っていることがあるのかという話の流れがネイティブには多い**ようです。特にアレルギーがない場合は、None that I know of. という粋なフレーズもぜひ使ってみたいものです。

ここで代表的なアレルギーである花粉症（hay fever）のつらい症状を伝える表現をご紹介しましょう。

My hay fever is killing me this year.
「今年は花粉症がひどいです」
※ kill は「死ぬほどつらい」という比喩的表現。

I've had hay fever for 10 years.
「10年も花粉症に悩まされています」

I keep sneezing.
「くしゃみが止まりません」

My nose started running last week.
「先週鼻水が出始めました」
※「鼻水が出る」は My nose is running. と言います。「鼻が詰まる」は I have a blocked nose. です。

My eyes are watery.
「目がしょぼしょぼします」
※「しょぼしょぼ」は目が涙で潤むと考えましょう。「目がかゆいです」は I have itchy eyes. です。

国民病でもある「花粉症」。ぜひ覚えて使ってみてください。

ストレス解消法を答える

Chapter 5

04 What do you do when you're stressed out?

ストレスがたまっているときは、どうしますか？

あなたなら何て言う？

ストレス解消法も十人十色の話題。だからこそ興味をひく回答ができれば、会話は盛り上がります。単に運動や食事などのありきたりな方法だとしても、あなたなりの色をつけて具体的に表現してみてください。

日本人の回答例

I usually go for a walk or do some exercise.

「たいていは散歩に出かけるか運動します」

解説

Chapter 3-01（P69）でも説明したように、**I usually walk. より、話し言葉では I usually go for a walk. の方が好まれます**。この“go for a ＋名詞”を取る型は walk の他、jog、swim、ride、hike などがあります。

If I'm stressed out, I usually eat out at my favorite restaurant.

「ストレスが溜まったときは、たいてい行きつけのレストランで食事します」

解説

ここは条件・前提を表す if「もし…なら」ではなくて、時を表す **when を使って、When I'm stressed out, とした方が英語らしくなります。**日本語の言葉じりにつられないようにしましょう。また、**「行きつけの」は favorite「お気に入りの」でOK。**後半は I usually try to eat at my favorite restaurant.「たいていは行きつけのレストランで食べるようにしてます」の方が流れ的に自然です。

ネイティブならこう答える!!

I like to take a hot bath, listen to music, draw pictures, read books, or write stories.

「暑いお風呂に入ったり、音楽を聴いたり、絵を描いたり、読書をしたり、物語を書いたりするのが好きです」

解説

それぞれの名詞が数えられる（可算）か、数えられない（不可算）かに注目。**bath「お風呂」は、種類を表すときは a hot / cold bath のように可算にします。music「音楽」は、特徴的な形がないので不可算。picture、book、story は、それぞれ可算で総称を表す複数形になっています。**このあたりにネイティブのモノの捉え方が表れていますね。

That depends. But if it's nothing too serious then I'll probably just try kicking back with a good film.

「場合によります。それほどあまり深刻でなければ、おそらく単にいい映画を見てリラックスしようとするでしょう」

解 説

kick back はカジュアルな表現で「リラックスする；くつろぐ」の意味。椅子にゆったり座って足を投げ出すイメージ。**try …ing は「とりあえず試しにやってみる」**ということ。try to …「(困難が予想される中で、目標達成のために)…しようとする」との違いを確認しておきましょう。

I can always relax at the bath houses, mountain climbing and getting out into nature. Riding motorcycles helps put any worries behind me.

「銭湯や登山、自然の中に出て行くことでいつもリラックスできます。バイクに乗れば心配事を忘れられます」

解 説

この文は (by going) mountain climbing and (by) getting out into nature のように by が省略されています。また動詞 help のところも helps (me) put … の me が省略されている形です。put ～ behind で「(嫌なことなどを) 忘れる」の意味。

ワンポイントアドバイス

一般に日本人回答者のストレス解消法は、運動か食事が多く、かなり類似していていますが、**ネイティブは個人差はあるものの実にバラエティに富んだ活動を試みている**点が垣間見られます。ここで同じ質問を他のネイティブスピーカーにもしてみました。

アメリカ人（男性）

I take a long walk.
「長い散歩をします」

イギリス人（男性）

I usually go for a swim and take it out on the water.
「たいてい、泳ぎに行って、水にその気持ちをぶつけます」
※ take it out on 〜「〜に八つ当たりする；〜に怒りをぶちまける」。

カナダ人（女性）

I sit in the sun and read and listen to music.
「日差しの中で読書したり音楽を聞いたりします」

イギリス人（男性）

I normally go to the pub and have a drink on a Friday night.
「金曜の夜に、たいていパブに行って一杯飲みます」

このように、ストレス解消法もいろいろです。中には、I don't really get stressed out.「あまりストレスはたまらないんです」という人も。羨ましい！

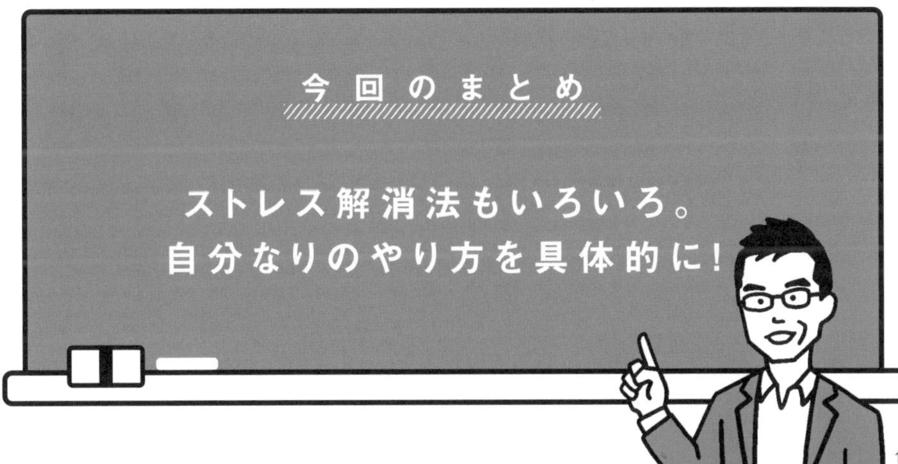

Chapter 5

05 Has anything depressing happened to you recently?

最近落ち込んだりするようなことがありましたか？

あなたなら何て言う？

社会的状況から不自由に思ったことや、個人的に今抱えているちょっとした悩みでもOK。この状況がよくなって欲しいという願望も言えるといいでしょう。

日本人の回答例

The spreading of COVID-19 all over the world has affected me. I hope the virus will be contained soon.

「世界中での新型コロナウィルスの拡散に影響を受けました。ウイルスが早く封じ込められることを願っています」

解説

「〜の拡散」は the spread of 〜 の方がbetter。「収束する；沈静化する」は、I hope the virus dies down soon. や I hope the virus settles down soon. とも表現できます。**未来に実現の可能性がないときは I wish、あるときは I hope で。**

I have a weak back although I have exercised to build my back strength. I couldn't do well in Pilates class while other members were doing well.

「背中から腰にかけてを強化しようと運動を続けているのですが、その辺りが弱いんです。ピラティスのクラスで他の人たちはうまくできているのに、私はうまくできませんでした」

解説

英語は文と文の間のつながりや、因果関係をはっきりさせたがる習性があります。そこで、ここは I have a weak back ～ back strength. Because of that, I couldn't do well ～ のように、Because of that, …「そのため…です」を入れて、原因と結果を説明してあげるとスムーズなつながりになります。

ネイティブならこう答える!!

Nope. I guess there's a lot going on at the moment, but I try to look on the bright side of things.

「いいえ。今現在、いろいろなことが起きていると思いますが、物事の明るい面を見るようにしています」

解説

Nope は「No」のくだけた言い方で、「ノウプ」と発音します。at the moment は「今まさに；今のところ」ということで、「今現在」にフォーカスが当たっています。look on the bright side of things は慣用句で「物事の明るい面を見る；ポジティブに物事を捉える」ということ。

I had COVID-19 back in March, and now I have lasting health problems because of it, so it's depressing that I may not be able to jog like I used to.

「3月に新型コロナウィルスにかかりました。そのため今も続く健康問題を抱えています。それで以前のようにジョギングができないかもしれないと思うと気が滅入ります」

解説

lasting は形容詞で「長く続く」の意味。have lasting health problems は広くは「後遺症が残っている」という意味にも使えます。**like I used to で「私が以前していたように」**。

COVID-19 has prevented me from visiting family and friends back home in Canada.

「新型コロナウィルスのせいで、故郷のカナダに住んでいる家族や友人を訪れることができなくなってしまいました」

解説

A prevent B from …ing は「(Aのせいで) Bは…することができない」という意味。**back home は「故郷で；実家で」ということ**。has prevented と現在完了形の文なので、「過去からずっと今もそう」という含みがある点も読み取りましょう。

ワンポイントアドバイス

今回は日本人、ネイティブ共にコロナウィルスをあげた人がかなりいました。感染力が強く (highly infectious)、重症化すれ (become severe) ば死に至る (result in death) だけでなく、人との付き合いも含めて、社会生活が一変してしまったこともあるからでしょう。

ここでコロナ禍で使える表現を見ていきましょう。

I hope you're doing well.
「元気でやってるといいんだけど」
※ 相手を気遣うときのフレーズ。

I've put on weight because of working from home.
「在宅勤務で太っちゃった」

I had an online drinking party on Zoom.
「Zoomでオンライン飲み会をやりました」

When things get back to normal, let's go for a drink.
「コロナが収束したら、飲みにでも行こうよ」
※ コロナ禍を things「状況」で、「収束する」を get back to normal「平時に戻る」で表現。

I hope things get better soon.
「この状況が近々よくなってるといいけど」

Stay safe and healthy.
「無事で健康でいてね」
※ 別れのあいさつで使える。動詞 stay は「～の状態のままでいる」。Take good care of yourself.「体には気をつけてね」でもOK。

どれもインフルエンザはもちろん、今後、感染症が流行したときにも使えますね。

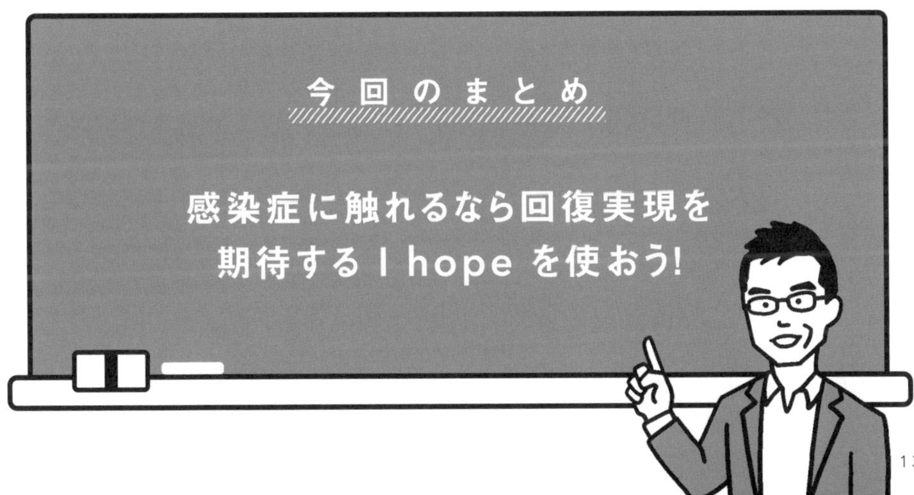

Chapter 5

06 Speaking of healthy food, what comes to your mind first?

健康食品と言えば、まず最初に何が頭に浮かびますか?

あなたなら何て言う?

日本食がヘルシーな食事として注目を受ける中、自分なりの回答を持っておくといいでしょう。日本独自の食品をあげる場合は、形状や風味なども一緒に説明できるようにしておきましょう。

日本人の回答例

What I remember at first is spinach.
It's maybe TV animation program "Popeye."

「最初に思い出すのはほうれん草です。それは多分テレビアニメの『ポパイ』のせいかな」

解説

「最初に思いつくのは…」は What comes to mind first is … とした方が英語らしくなります。次も It's probably because of a TV animation program called "Popeye." とするとスムーズなつながりに。なお、**spinach「ほうれん草」は、生のほうれん草は形がなく内部が均質なものと捉えられるため、不可算名詞扱いになります。**

Pulses first come to my mind. I like them very much, especially tofu and natto. I eat them almost every day.

「豆類が最初に浮かびます。特に豆腐や納豆などが大好きです。ほとんど毎日食べています」

解説

pulse は「豆類」の意味。**「豆腐」も「納豆」も近年はそのまま tofu、natto でも通じるようになってきました。**英語では tofu は **bean curd「豆を凝結したもの」**、natto は **fermented soybeans「発酵した大豆」** のように言います。

ネイティブならこう答える!!

It's got to be Japanese food, hasn't it?
Everyone knows that the Japanese have one of the longest life expectancies.

「それは日本食に違いありませんよね？　日本が最も長い平均余命を持つ1つの国であることは誰でも知っていますから」

解説

It's got to …「…に違いない」は It has got to … のことで、イギリスでよく使われる表現。そして話し手が確かな根拠があるときに使われるのも特徴です。life expectancy とは「平均余命」のことで、どれぐらい生きられるのかといった期待・予測のこと。

Salad with many ingredients. (but no cucumber and tomato!)

「色々な素材が混ざったサラダです（ただしキュウリとトマトが入ってないもの）」

解説

この with は「何かと何かが一緒にいる」という関係から、「主体が何かを持って」という意味になったもので、「素材・材料を持って」ということ。**ingredient は「（特に料理の）材料；ネタ」で料理の話題では必須語。**

I like to eat different kinds of salads, and I often cook for myself at home, rather than eating out.

「いろんな種類のサラダを食べるのが好きです。外食よりはよく家で自分のために料理します」

解説

different kinds of salads で「異なる種類のサラダ」ということで kind も salad も複数形にしています。複数の種類、複数のサラダを念頭に置いているからでしょう。**for myself は「自分自身のために」で、by myself「自分で；自分だけの力で」との違いに注意。**

ワンポイントアドバイス

健康な食べ物と言えば、日本食は世界でもよく知られた存在です。中でも、**「豆腐」と「納豆」は外国人に説明する機会も多い定番の日本食**。ここでは、豆腐や納豆に関連した会話で話のネタに使える表現をご紹介します。

●「豆腐」に関する表現

Have you ever tried Tofu?
「豆腐を食べたことがありますか」

Tofu is a soft white food made from soybeans.
「豆腐はやわらかく白くて、大豆からできた食べ物です」

Tofu is low in fat, high in protein, iron and calcium.
「豆腐は低脂肪でたんぱく質、鉄、カルシウムが豊富です」

●「納豆」に関する表現

Natto is described as fermented soybeans.
「納豆は発酵した大豆のことです」
※ be described as ～ で「～として描写されている」の意味。

Natto has a strong smell and a sticky texture.
「納豆はきついにおいがあり、ねばねばした食感です」

Natto is very nutritious.
「納豆は栄養価が高いんです」

Natto has almost all necessary major nutrients.
「納豆にはほとんどすべての必要な主要栄養素が含まれています」
※ nutrient で「栄養素」の意味。major nutrients は「主要栄養素」のこと。

今回のまとめ

「豆腐」と「納豆」はヘルシー食の定番。英語で説明できるように！

Chapter 5 私の健康生活
使いまわしがきく回答のまとめ集

ここでは、Chapter 5で出てきた質問の別回答を紹介します。英文で使われている語句や構文を活用して、自分バージョンの回答文を完成させましょう。

Getting up in the morning is very hard for me.
「朝起きるのがとてもつらいです」

I eat right and get enough sleep.
「きちんと食べて睡眠をしっかり取ってます」

I try to have fermented food like miso, natto, and kimchi at least once a day.
「発酵食品、例えば味噌、納豆、キムチなんかを少なくとも一日一回は食べるようにしています」

I'm allergic to dust and cats.
「ほこりと猫にアレルギーがあります」

Eating sweets can help me forget about my worries.
「甘いものを食べると心配事を忘れさせてくれます」

I try to cry my eyes out, watching sad movies.
「悲しい映画を観ながら思い切り泣くようにしてます」

I always sing out loud while taking a shower. It really works!
「いつもシャワーを浴びながら大声で歌います。すごく効果がありますよ！」

Bad things happen all the time, but a night's sleep sets me right.
「嫌な事なんてしょっちゅうありますが、一晩寝れば元気になります」

Chapter 6

私の仕事

Chapter 6

01

What do you do?

仕事は何をしていますか？

あなたなら何て言う？

相手の仕事を尋ねる質問のやり取りは初対面の人とでも交わしやすい会話です。どんな職種なのか、どこで勤めているのかなど、次につながる回答を考えてみましょう。

日本人の回答例

I work as a system engineer for an insurance company.

「ある保険会社でシステムエンジニアとして働いています」

解説

これでも通じないことはないですが、単語の結びつきの観点から、英語では I work for an insurance company とまずどこで働いているかを述べ、そして補足として as a system engineer と続ける流れが好まれます。

I am a student and I do not work.

「学生です。働いていません」

解説

「学生です」は I go to school. という言い方もします。日本語は「～は…である」というSVCの形を、英語は動作を表す他動詞を使ったSVOの形を好む傾向があります。「高校生／大学生です」ならI go to high school / college. あるいは“I go to+「学校名」”という具合です。I do not work. だと「働きません」に聞こえるので、「働いていません」は I don't have a job right now. の方が better。

ネイティブならこう答える!!

I operate an English conversation school in a 100 year old Kyoto machiya and teach university class part-time.

「築100年の京都の町家で英会話学校を運営していて、非常勤で大学のクラスを教えています」

解説

ここでは a 100 year old Kyoto machiya**「100年前にできた京都の町家」のように、100 year old を形容詞**として使っています。**その際、years の複数の s を落とすのがルールです。**なお「わが社は20年前に設立しました；わが社は設立20年になります」を英語ではOur company is 20 years old. と言います。なかなか出てこないですね。

I work in the higher education sector.

「高等教育部門で働いています」

解説

the higher education sector とは一般に「大学；大学院」などを指します。ちなみに「大学の職員をしています」なら I work in administration at a university. となります。

I do a lot of jobs, but mostly I'm a singer / songwriter. I also do professional photography and art.

「いろいろな仕事をしていますが、ほとんどは歌手／作詞作曲です。またプロで写真とアートもやっています」

解説

動詞 do には「職業として…する」という意味もあります。do photography and art もその例です。他に do research in a lab「研究所で研究やってます」や do editing「編集をやっています」のように表現することができます。

ワンポイントアドバイス

相手の仕事を聞く場面はよくあります。その際、What is your job? だと特に面識のない初対面の人にはストレートで失礼に響きます。こういうときは What do you do (for a living)? が一般的。 do you do と現在時制を使っているので、「生活のために、昨日も今日もそして明日もやっていることは何ですか？」を意味し、つまりは「お仕事何ですか？」となるわけです。

ちなみに、日本人には「どちらにお勤めですか？」を Which company are you working? という人が多いです。間違いではありませんが、直接的に響くので、ネイティブはあまりこのようには言いません。**よく使われるのが with を使った以下の文。会社を人が運営している組織と捉えるので who を使って、Who are you with? と言います**。

この前置詞 with は「～と共にある」という「同伴」の意味。そこから雇用関係というよりは、自分の能力・スキルを提供するといった「同等；対等」の関係で, 会社に貢献しているというニュアンスが感じ取れます。そのため、**他人に勤め先を聞く場合は、この表現が一番無難**になります。関連表現に以下のようなものがあります。

I'm **with** an insurance company.
「ある保険会社に勤めています」

How long have you been **with** the publishing company?
「その出版社にはどれくらいお勤めですか？」

I've been **with** the company for 7 years.
「その会社に勤めて7年になります」

このように簡単ですが、とても英語的で日常で使える言い回しが with にはあります。ぜひ覚えて使えるようにしましょう。

今回のまとめ

「どちらにお勤めですか？」は
Who are you with?
を使ってみよう。

Chapter 6

02 Is there anything you like about your job?

仕事で気に入ってることはありますか?

あなたなら何て言う?

今の仕事を続けているからには何かしらポジティブな側面があるはず。スキルを向上できたりする「やりがい」を強調してもいいですし、お休みが取りやすかったりする「働きやすさ」をあげてもいいでしょう。

日本人の回答例

Nothing in particular.

「特にありません」

解説

これは I have nothing in particular. の I have が省略された形で、定番フレーズになっています。Nothing particularly. という言い方もあります。

I meet people from various industries who give me new ideas.

「新しいアイデアをくれるさまざまな業界の人に会えます」

解説

ここは「会うことができる」「会う機会が得られる」とした方が、より自然なので get to を使って、I get to meet people from 〜 とした方が英語らしくなります。**この get to … は Chapter 3-03（P78）でも出てきましたね。**

ネイティブならこう答える!!

Well, working with young people and watching them grow and achieve can be a very rewarding aspect of the job.

「そうですね。若い人と一緒に物事に取り組めて、彼らが成長して何かを成し遂げるのを見ることが、仕事でとてもやりがいのある部分です」

解説

working with young people and watching them grow and achieve という動名詞句を主語にした文。また"watch＋人＋原形"の「人が…するのを見る」という用法にも注目。**rewarding** は形容詞で **「満足感が得られる；やりがいがある」** の意味です。a rewarding aspect で「やりがいのある側面」ということ。

I work for myself, so I can make my own schedule and take the jobs I want; it's great!

「私は自営業です。なので自分でスケジュールは組めるし、やりたい仕事を引き受けることができます。最高です！」

解説

work for myself で「自分自身のために働く」→**「自営業を営む」**。「仕事を引き受ける；仕事に就く」は動詞 take を使って take a job。自分が欲する、やりたい（I want）仕事 と限定していて、しかも複数の仕事（jobs）なので、the jobs (that) I want という形に。

I enjoy the connection with a wide range of people, younger and older in various occupations.
We learn a lot from each other.

「年齢に関係なくさまざまな職業の幅広い人とのつながりを楽しんでます。お互いからたくさんのことを学べるんです」

解説

a wide range of people「幅広い人々」。younger and older は正確には「若い人や年配者」の意味ですが、つまり「年齢に関係なく」という意味合いで使えます。**occupation には「職業；本業」という意味もあり、job よりも硬い言い方になります。**

ワンポイントアドバイス

仕事の気に入っている点を話すときに、ネイティブは「これこれこういうところ」とかなり具体的に話し、全体的に発話量が多くなります。**Nothing in particular.「特にありません」はとても日本人的な返答で、ネイティブからしたら、好きなところがないのになぜ働けるんだろうと、不思議に思われるかもしれません。**

それでは、ここでは仕事のいい点を語る際の表現をご紹介しましょう。

My job is challenging. 「私の仕事はやりがいがあります」

My job lets me put my skills to use.
「仕事で自分のスキルを生かせるんです」

My job gives me a feeling of achievement.
「仕事で達成感が味わえるんです」

My job helps me grow as a person.
「仕事を通じて人としての成長が感じられるんです」

I can leave work at the regular time. 「定時に帰れるんです」

I can take a long vacation if I want to.
「希望通り長期休暇が取れるんです」

I can get to meet many different people.
「たくさんのいろんな人に会えるんです」

People in my office are very kind and easy to work with.
「オフィスの人がとても親切で一緒に働きやすいんです」

My company provides great benefits.
「会社の福利厚生がいいんです」

My company pays very well. 「私の会社は給料がとてもいいんです」

今回のまとめ

Nothing in particular.
は日本人的返答。
具体的にいい点をあげよう!

Chapter 6

03 What's your career plan?

あなたのキャリア設計はどのようなものですか？

あなたなら何て言う？

自分が将来どんな仕事をしたいのか考えたことはありますか。今の仕事を極めていくにしろ、何か新しい職種にチャレンジするにしろ、将来の見通しや展望もあわせて答えるようにしましょう。

日本人の回答例

I plan to work by using English.

「英語を使った仕事をする計画を立てています」

解説

「英語を使った仕事をする」は「英語が使える職を得る」と考えて、I plan to get a job where I can use my English skills. とする方がより英語らしくなります。関係副詞 where「そこでは」を使うのがコツ。なお、この場合の**「英語」**とは、**「（読む・書く・聞く・話すを含む）英語力」**なので **English skills** とします。

I won't change my job, and I'll try to keep improving my English skills now and forever.

「転職はしません。英語力をこれからずっと続けて高めるようにしてみます」

解説

I won't change my job. は won't を強く発音すると、「転職はしません」という意志や決意の表明に。また、普通に言えば「転職しないでしょう」という予測になり、2つの解釈ができます。**improve one's English skills は「英語力を高める」の意味**。now and forever は「これからずっと」ですが、ちょっと大げさに響くので from now on あたりがいいかも。

ネイティブならこう答える!!

In a way it's kind of a career plan, but as I get older I always want to have an open mind to new ideas; always be learning.

「ある意味、高等教育機関で教えることがキャリア設計ですが、年齢を重ねるにつれ、常に新しいアイデアに心を開いて、学んでいたいです」

解説

in a way は「ある意味では」という成句。次の it は前節の回答で「高等教育部門で働いています」と述べていたことを指しています。**as は接続詞で「…するにつれて」と比例を表しています。as には、2つの出来事や動作がほぼ同時に生じるというニュアンスがあり**、ここは「年齢を重ねる」と「新しいアイデアに心を開いて～」がほぼ同時で進行しているという意味合いです。

I'd like to expand what I'm doing to include a longer summer stay in Canada and offer my students that opportunity.

「カナダでの長期夏季滞在を含め、今やっていることを広げたいです。そして教えている生徒にその機会を提供したいです」

解 説

what I'm doing「今やっていること」とは、前節で述べた京都で英会話の学校を運営し、大学でも英語を教えていることです。そしてカナダでの夏季長期滞在も含めたその機会を生徒にも提供したいということでしょう。

I plan to finish my Master's degree and then become a licensed therapist, in the near future.

「近い将来、大学院で修士号を取り、それから公式に認可を受けたセラピストになる計画です」

解 説

Master's degree は「修士号」。licensed は「公に認可された；免許を受けた」の意味。in the future には「これからずっと」と「将来のある時に」の2つの意味があり、ここでは後者です。

ワンポイントアドバイス

日本人回答者もネイティブも、自らのキャリアを語るときは、I plan to …、I'd like to …、I want to … などのフレーズを使って、将来の展望を述べているのは同じです。

ここでは英語の面接で使えるキャリアプランに関係する表現をご紹介します。

Q：Where do you see yourself in 5 years?
「5年後には何をしていると思いますか？」

I'd like to take on a management position with responsibility.
「責任のあるマネジメントのポジションにつきたいです」
※ take on 〜 は「〔仕事・責任など〕〜を引き受ける；〜を獲得する」の意味。

My career goal is to be recognized as an expert in the industry.
「キャリア目標は、業界で専門家として認識されることです」
※ career goal は「キャリア目標」の意味。後ろはこれからのことなので to 不定詞に。

I'm eager to expand the client base in my region, and get some major national clients.
「地域の顧客基盤を拡大していき、主要な全国規模の顧客を獲得したいと思っています」
※ be eager to … は「とても…したい」と意欲を感じさせる表現。

Chapter 6

04 What do you want to do after you retire?

定年退職したら何をやりたいですか？

あなたなら何て言う？

退職後をなかなかイメージできない人もいるでしょう。「思いつかない」でもいいですし、単なる夢でもかまいません。また、「働き続ける」という選択肢もありです。

日本人の回答例

I like to travel around the world. So it would be a dream come true if I could visit all seven continents of the world.

「世界旅行をするのが好きです。そのため世界全7大陸を訪問できるなら夢が叶うでしょう」

解説

a dream come true は1つの名詞のかたまりで「長年の夢が叶う」の意味。
it would ～, if I could … は願望を表す仮定法です。

I will work my whole life. So, I haven't thought about my own life after retirement.

「ずっと働き続けるでしょう。そのため定年後の自分の人生について考えたことはありません」

解 説

work one's whole life で「生涯現役で働く」の意味です。なお、I will work my whole life. とすると、will があるので「ずっと働き続けます」という意志のニュアンスにも。そこでもし、**今のままで行けば、自然の成り行きで働き続けているということになるなら、I will be working my whole life. と言うこともできます。**この形にすると「意志」ではなく、「予定」のニュアンスが前面に出てくるからです。

ネイティブならこう答える!!

I don't know if anyone in my generation will get to retire. I'll probably have to work until I die.

「私の世代の人が定年退職をするようになるのかどうかわかりません。おそらく死ぬまで働いているでしょう」

解 説

know if … で「…かどうかわかる」の意味。**また get to … は口語表現で、ここでは「…するようになる」で、come to … と同義で使われています。**確かに今の時代、働くことを止めるという意味での定年退職という概念が薄れ、そのまま働き続ける人も多くなりましたね。

I really just want to wake up and think 'I wonder what I'll do today?' rather than about what's on my to-do list.

「朝目覚めて今日やるべきことを考えるより『今日は何をしようかな？』と本当に思ってみたいです」

解説

to-do list とは「しなければならないことのリスト」のこと。つまり「やるべきこと」の意。予定の詰まっていない生活をしたい、ということをうまく表しています。

See more of the world!

「もっと世界を見てみたいです！」

解説

I want to see more of the world! の I want to が省略された形。See the world に more of をつけることで、「もっと」という表現になります。

ワンポイントアドバイス

今回は「定年」にまつわる表現をあれこれ集めてみました。

● 行動編

reach retirement age「定年を迎える」

retire at 65「65歳で定年退職する」

start working for another company「別の会社で働き始める」

continue working part-time in the same company
「（続けて同じ会社で）嘱託職員として働く」

live a quiet life in the countryside「地方でのんびり過ごす」

do an independent business「自営業をする」

● **感情編**

Today is my last day working here.
「今日がこの職場で仕事をする最後の日です」

It was a great pleasure to be able to work with you.
「在職中はいろいろお世話になりました」

I appreciate your good support during the past 20 years.
「20年にわたる皆さんのよきサポートに感謝いたします」

I will long remember the hard work and happy days we have shared.
「皆さんと共にした苦労や楽しい日々はずっと忘れません」

会社勤めの人ならいつかこれらのセリフを言うときが来るはず。どれか1つでも覚えて、使ってみてはいかがでしょうか？

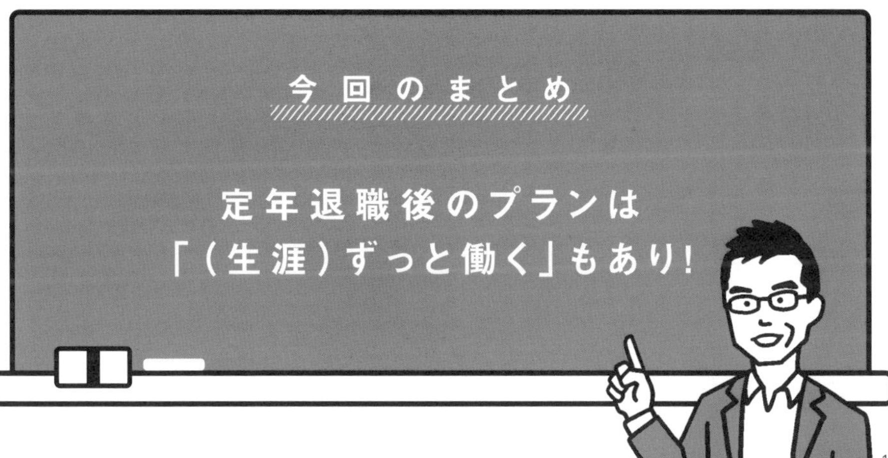

05 Has your job ever helped you grow as a person?

仕事のおかげで人間的に成長できていますか？

あなたなら何て言う?

仕事を通して、どんな人間に変われたか、どんな恩恵を受けたかなどを以前の自分と比べて考えてみましょう。人として成長するための心構えでもOKです。

日本人の回答例

I'm growing up mentally year by year.

「年々精神的に成長しています」

解説

grow up mentally で「精神的に成長する」の意味。進行形を使うことで「だんだん…してきている」と状態の変化を表すことができます。ちなみに「打たれ強い」は、**I'm mentally tough.「私って打たれ強いんです」**のように言えます。

I think it has. I learned the importance of tolerance and gratitude through my job.

「そう思います。仕事を通じて忍耐と感謝の重要さを学びました」

解説

出だしは I think it has (ever helped me grow as a person) と省略をうまく使っています。これは**文脈上わかりきっていることは余剰になってしまうので、極力省略するという英語のルールによるもの**。tolerance は「我慢；忍耐」、gratitude は「感謝；感謝の念」という意味。

ネイティブならこう答える!!

For sure. Although it's not that way for everyone, I guess. You have to look for and accept challenges in order to grow as a person.

「もちろん。みんながそういう風ではないですが、成長できていると思います。人間的に成長するためには、課題を探して、それを受け入れていかなければいけません」

解説

challenge「課題；チャレンジ」 は、動詞で使われるときは、日本語でのイメージと少し違うので注意が必要。**動詞の場合は「(人に対して) 挑む；挑戦する」** というニュアンスで、**「英語にチャレンジする」** や **「マラソンにチャレンジする」 のように物や事には使いません。** Trump challenged Hillary.「トランプがヒラリーに挑んだ」のように、"challenge＋人"の形で覚えておきましょう。

It's helped open my mind to the diversity in the world and given me the chance to connect with many great people.

「仕事が世界の多様性に心を開かせてくれて、たくさんのすばらしい人とつなぐ機会を与えてくれました」

解説

It has helped ～ and (it has) given me … と**現在完了形の "has＋過去分詞" を使っています。過去の出来事の結果、何らかの影響を今受けていると「今感覚」を伝えたい**からです。なお、helped open は helped me open の me が省略された形と考えられます。

Studying to become a therapist has made me a much more patient person than I used to be!

「セラピストになる勉強をすることで、以前の自分よりはるかに我慢強い人間になりました」

解説

"主語（studying to ～）＋make＋人（me）＋名詞（a patient person）"という無生物主語の英語らしい形です。has made になっているのは時間の経過を経て、今そうなっていることを伝えたいためです。

ワンポイントアドバイス

日本人回答者は現在完了形を使った人がいませんでしたが、ネイティブでは3名中2名が使っています。仕事での成長を語るときは、過去の自分を振り返り、いろいろ経験して今に至るという過去から現在までの時間的な幅を意識するからです。この感覚にピッタリなのが現在完了形なのです。

さて、challenge という単語が出てきたので、ここでは、カタカナにつられてうっかり間違えやすい単語をピックアップしてみましょう。

● 日本人がよく使い方を間違える単語

「ミスする」

I missed again.（×）「私はまたミスした」

miss は「狙いを外す」ということ。日本語の「しくじる」「失敗する」という意味は I made a mistake again. です。

「クラシック音楽」

I like classic music.（×）「クラシック音楽が好きです」

classic は「典型的な；古典的な；最高級の」ということ。上質で品の高いという意味合いです。classical「クラシックの」を使って、I like classical music. が正解。

「クレームする」

I claimed that my PC was broken.（×）「PCが壊れてるとクレームした」

claim は「（根拠を示して）主張する」ということ。日本語の「苦情や文句を言う」は complain を使って、I complained that my PC was broken. とします。

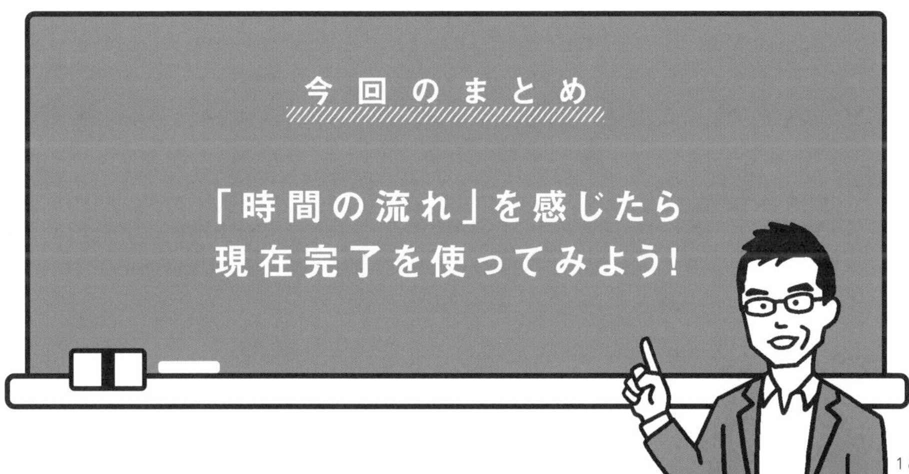

Chapter 6

06 What do you do when you want to focus on your work?

仕事に集中したいとき、工夫していることは何ですか？

あなたならなんて言う？

気が散らないように普段自分がやっていることを考えてみましょう。一番精神が落ち着くことです。誰もが何か1つや2つはあるはず。それを英語で説明してみましょう。

日本人の回答例

I keep to silent in environment.

「自分を静かな環境に置いています」

解説

「静かな環境に」は **in quiet environments**、あるいは **in quiet places** としましょう。「自分を置く」はI keep / put myself として、I keep myself in quiet environments. や I put myself in quiet places. とするといいでしょう。

I don't work for a long time by taking a break. I can concentrate on work by clearing my head.

「休憩を取ることで長い時間働きません。頭をクリアーにすることで仕事に集中できます」

解説

英語が少しぎこちないので、ここは I take breaks while I'm working.「仕事中は休憩を取るようにしています」、That helps me clear my head.「それが頭をクリアーにするのに役立っています」とすると英語らしくなります。take a break で「休憩を取る」の意味。ちなみにイギリスでは have a break を使います。

ネイティブならこう答える!!

I usually listen to music while I'm working, when I'm working alone at home.

「家で一人で働くとき、仕事中はたいてい音楽を聞いています」

解説

この一文は when の前後の節で区切って考えます。つまり、〜, when …「…するとき、〜する」というのが骨格となります。そして、前半の"〜"の節には while I'm working という節がさらに含まれている構造です。when、while 共に接続詞で、前者が「いつの時なのか」、後者が「何をしている間なのか」という違いがあります。なお、この文のように while 節では進行形がよく使われます。

Usually for me a quiet place, a tidy workspace, and no interruptions are the key – a cafe is fine.

「たいていは私の場合、静かな場所、整頓した作業空間、邪魔が入らないことが重要です。カフェでも大丈夫です」

解説

a quiet place, a tidy workspace, no interruptions のように名詞句で答えています。**常に文ではなく、このように複数ある場合は、まとまった句が使えれば効率よく答えることができます**。見習いたいテクニックです。

Work is much easier when I feel refreshed and not distracted. Getting enough fresh air outside is always helpful.

「気分がすっきりして気が散らないときに仕事がはかどります。外の新鮮な空気を十分吸うことがいつも役立っています」

解説

much easier「はるかに簡単」→「はかどる」に注目。簡単な単語で表せる例です。distracted は「気を散らされた」の意味。get fresh air で「新鮮な空気を吸う」ということ。

ワンポイントアドバイス

仕事に集中したいときは、人それぞれに工夫をしているようです。ここでは、集中に欠かせない break「休憩」について、普段職場で言いそうな表現を集めてみました。機会があったら思い出してつぶやいてみましょう。

● **いろいろな break「休憩」**

「休憩する；休憩を取る」の定番は、動詞 take を使った take a break。**このa break に形容詞的な働きをする語句をつけることで、さらに幅広く表現できます。**

a coffee break
「コーヒーを一杯飲むくらいの休憩」

a quick break
「短い時間一息入れる休憩」

a short break
「5～10分くらいの短めの休憩」

a 10-minute break
「具体的に時間を設定した休憩」

a two-week break
「2週間の休暇（休憩というより休暇に）」

break は、ある流れを一旦絶つということ。ちなみに「朝食」の breakfast は「break」＋「fast」で、fast には「断食」の意味があます。寝てる間を断食期間と考えて、その断食の流れを断ち切るものが「朝食」というわけです。

Chapter 6 私の仕事
使いまわしがきく回答のまとめ集

ここでは、Chapter 6で出てきた質問の別回答を紹介します。英文で使われている語句や構文を活用して、自分バージョンの回答文を完成させましょう。

I'm self-employed. / I work for myself.
「自営業です」

I plan to start my own business.
「自分でビジネスを始めようと計画しています」

I'm working for a bank as a temp.
「銀行で派遣社員として勤めています」

I'm in charge of training our new employees.
「私は新入社員研修の担当をしています」

I'm between jobs at the moment.
「今は休職中です」

I work at a recruitment agency, specializing in introducing applicants with IT skills.
「人材派遣会社で働いており、ITスキルのある人材紹介に特化しています」

My company's main field is real estate management.
「私の会社の主な事業分野は不動産管理です」

I'm grateful that I can take long vacations several times a year.
「年に何度か長期の休みを取れるのがありがたいです」

My office has a comfortable working atmosphere.
「私のオフィスは仕事に快適な雰囲気です」

My boss is very easy to talk to.
「上司はとても話しやすい人です」

Meetings at my company are always short and productive.
「私の会社の会議はいつも短く生産的です」

I haven't thought about it, but I'm happy with my company for the time being.
「考えたことはないですが、今のところ現在の会社で満足しています」

I'm thinking of trying to be a certified financial planner.
「ファイナンシャルプランナーの資格を取りたいと思ってます」

If I get a chance, I want to study abroad at the expense of the company.
「機会があれば、社費で留学したいです」

If I'm physically fit, I want to challenge myself to run the Honolulu Marathon after my retirement.
「もし肉体的に健康であれば、定年後、ホノルルマラソンで走ることに挑戦してみたいです」

If possible, I'd like to spend some time backpacking around Asia.
「可能なら、しばらくアジア中をバックパッキングで回りたいです」

I want to go back to my hometown and meet up with my old friends.
「故郷に戻って、昔の友人たちに会いたいです」

I'm not sure yet. I'm still in the planning stage.
「まだわかりません。いまだ計画段階中ですから」

My pension won't be enough, so I need to save up some money.
「年金が十分じゃないでしょうから、お金を貯める必要があります」

Through my job, I learned to carry out anything in a responsible way.
「仕事を通じて、何事も責任を持ってやり遂げることを学びました」

My communication skills have improved since I started working.
「働き始めてから、コミュニケーション能力が向上しました」

I learned how to work efficiently as part of a team.
「チームの一員として効率的に働く方法を学びました」

I gained the skills to work on issues and find a middle ground.
「議論すべき重要な問題に取り組み、妥協点を見つけ出すスキルを身につけました」

I got to listen carefully and patiently to people that I work with.
「同僚の話を注意深くそして辛抱強く聞けるようになりました」

First, I always get things organized on the desk. Otherwise, I can't start anything.
「まず最初に、いつも机の上を整理整頓します。でないと、何も始められないのです」

I try to ignore the phone calls or doorbells when I want to focus on my work.
「仕事に集中したいときは、電話や玄関のベルを無視するようにしています」

I do light exercise or some stretching for about 5 minutes.
「5分くらい軽い運動とストッレチをします」

I take a break when I reach a good stopping point.
「もうちょっとできるというところで休憩を取ります」

I go to the restroom and try to smile in the mirror.
「お手洗いに行って、鏡の前で笑顔を作るようにしてます」

Chapter 7

私の恋愛・結婚観

Chapter 7

01 What's your type?

どんなタイプが好きですか?

あなたなら何て言う?

好きなタイプなので、性格やパーソナリティなどの内面を述べるもよし、見た目などの外見の特徴を答えてもいいでしょう。特定のタイプがない場合の言い方も考えてみてください。

日本人の回答例

I like a smart and a thoughtful person.

「頭が良くて、思いやりのある人が好きです」

解説

smart は「頭がいい」という意味です。ちなみに、**英語では一般的なことは複数形で表現します**。そのため、I like smart and thoughtful people. とした方が英語らしくなります。

I prefer a broad-minded person to narrow perspective one.

「視野の狭い人より心が広い人のほうがいいです」

解説

prefer A to B で「BよりもAを好む」という意味。ここは前後をそろえて後半の narrow perspective も narrow-minded「視野の狭い」とした方がいいでしょう。**英語は形式の統一を好む言語**だからです。

ネイティブならこう答える!!

To tell you straight, I've never really had one. For sure though they've got to have a big heart.

「はっきり言うと、これというタイプはありません。もちろん、広い心を持っている人でないとダメですけど」

解説

tell you straight で「はっきり言う」という意味。これといったタイプがないときの I've never really had one. という表現に注目。現在完了形を使っているので、過去から今までずっとというニュアンス。**have a big heart** は **「心が広い；寛大である；度量が大きい」** ということ。

I like people who are intelligent, creative, and funny. Looks don't really matter to me, but I do like redheads!

「知的で、創造力があって面白い人が好きです。見た目はあまり気にしませんが、赤毛の人が大好きです」

解説

英語で「見た目」は looks あるいは how he / she looks になります。「見た目がすべてじゃない」なら Looks aren't everything. に。I do like redheads! の do はその後の動詞 like を強調しています。

Kind, adventurous, fun-loving and a little wild is usually fine by me.

「優しくて、冒険心があって、楽しいことが好きな人です。ちょっとワイルドな人でもたいていは問題ないです」

解説

fine by me は fine with me「問題はない；大丈夫」と同じ。一般に fine は That's fine with me. あるいは I'm fine with that / it. の形で with と一緒に使われることが多いです。

ワンポイントアドバイス

「～な人」とタイプを語るとき、日本人回答者は、一人の人を頭に浮かべるようですが、ネイティブは they や people を使っているので、総称を表す複数形をイメージする点が異なっています。数に対する見方の違いですね。

さて、今回は間違えやすいカタカナ英語を取り上げます。日本語でスマートと言えば「ほっそりしている」という体型を指しますが、英語の smart は「頭がいい」という意味。「ほっそりしている」は slim や slender を使います。ここでは日本人がよく勘違いしている表現をご紹介しましょう。

「テンションが高い」→　high tension（×）→　so excited（○）

※ 英語の tension は「緊張；不安」のこと。high tension と言うと、「緊張度が高い」に。

「ドリンクセット」→　a drink set（×）→　a drink combo（○）

※ 英語で「セット」は combo。combination の略。「ドリンクセットをください」なら I'd like a drink combo, please. に。

「シェイプアップする」→　shape up（×）→　get in shape（○）

※ shape up は英語では「ちゃんとする；しっかりする」の意味に。

「アットホームな雰囲気」→　at home（×）→　cozy（○）

※ This cafe is at home. だと「このカフェは家にいます」に。英語では cozy「居心地がいい」を使って This cafe is cozy. が正解。

今回のまとめ

英語で総称を表すときは複数形にすること！

Chapter 7

02 Are you a family-oriented person?

あなたは家庭的な人ですか？

あなたなら何て言う？

家庭的かどうかの理由や背景も盛り込めると、その後の会話もはずむはず。家族との時間を一番大事にしているとか、今は仕事に熱中しているとか、自身の現状を付け加えてみましょう。

日本人の回答例

Yes, I do.

「はいそうです」

解説

質問が Are you ～? と be動詞の現在形で聞いていますので、ここは Yes, I am. になるはず。ただし、一般的にはこれだけで終わりにはしません。そこで会話が止まってしまい、「これ以上話したくない」というメッセージにも受け取られてしまいます。もう一言「どんなふうに」という具体的な何かを付け加えるのが英語の流儀です。

When I was much younger, I was more career-oriented. But I can say I am family-oriented now.

「ずっと若かった時は、もっとキャリア志向でした。でも、今は家族志向だと言えます」

解説

"名詞（句）＋-oriented"で「～志向の」という形容詞を作ることができます。career-oriented「キャリア志向の」、family-oriented「家族志向の」、people-oriented「人間志向の（人と関わるのが好き）」、money-oriented「お金志向の；儲け主義の」、academic background-oriented「学歴志向の」といった具合。

ネイティブならこう答える!!

Not at all. I don't get along with my family. They don't like that I am gay and they are very religious.

「いいえ。家族とは関係がうまくいっていません。私がゲイであることをよく思っていなくて、信心深い人たちだからです」

解説

get along with ～ は「～とうまくやる」という意味で、人間関係ではよく使われる熟語。後半は They don't like (it) that I am gay. の it が省略された形。it は直後の that I am gay を受けており、口語ではこのように it を落とすことがよくあります。また、gay「同性愛者」は女性にも使うことができます。

You bet. I always do my best to maintain quality family time. What could be more important than that?

「もちろん。いつも家族との充実した時間を維持できるよう最善を尽くしてます。それ以上に大事なことって何ですか」

解説

You bet. は「あなたは賭けてもいい」が原義。そこから「賭けてもいいぐらいその通り」→**「もちろん」という意味**に。quality family time は「家族との充実した時間」の意味。What could be 〜? は、could を使うことで「…だろうか（いや…なことはない）」と反語を表します。

Being a social person, I appreciate healthy connections with people both inside and outside the family.

「社交的なので、家族と一緒にいるときでもいないときでも、健全なつながりが持てて助かっています」

解説

出だしが Being で始まっているので分詞構文の用法です。分詞構文が文頭に置かれるときは「…なので」と原因や理由を述べることが多いため、ここは (As I am) a social person, だと推察できます。appreciate は「〜を感謝する」の意味。

ワンポイントアドバイス

日本人回答者は、Are you 〜? という質問に対して、Yes や No と反射的に答える癖がついているようで、それで言い切って終わるというパターンが結構見られました。対照的に**ネイティブは、Yes や No と直線的で単調**

な返答ではなく、事情や状況の説明から入るのが一般的でした。やはり言い切り型だと子どもっぽく聞こえたり、会話が続かないといった意識が働くからだと推察されます。

ここでは、You bet.「もちろん」のように、日本人にはなかなか使えない、英語らしい相づちをご紹介します。うまいタイミングで使えるようになれば、相手との距離が一気に縮まりますよ。

Could be.「かもね」

※「あり得なくもないね」とあまり自信がないときの返し。

Why not?「もちろん」

※「なぜダメなの（いいじゃない）」と反語的な意味。Who cares?「誰が気にするの（誰も気にしない）」も類似表現。

You said it!「まさにその通り」

※「あなたがそれを言った」は、相手に同意するときに。自分が言いづらいことを相手が代わりに言ってくれたときの「よく言った」にも使えます。

Good for you.「よくやった」

※「よくできたね；でかしたね」と相手をたたえるときのフレーズ。

今回のまとめ

「家庭的です」と言いたいときは family-oriented を使おう!

Chapter 7

03 When was your first love?

初恋はいつでしたか?

あなたなら何て言う?

初恋は昔のことで思い出せない人は素直にそう答えてもいいです。思い出せる人は、いつ頃で、どんな人だったか、またそれにまつわるエピソードも伝えてみましょう。

日本人の回答例

My first love was when I was in elementary school.

「初恋は小学生のときです」

解説

My first love was when …「初恋は…のときです」は、(the time) when … の the time が省略された形で、この when は関係副詞と呼ばれる用法です。初恋を語るときには便利な型です。

I don't remember, honestly.
It was a long, long time ago.

「正直、思い出せません。かなり昔ですから」

解説

remember という単語は「覚える」「覚えている」「思い出す」という記憶に関係するものすべてを含んでいます。ここは3番目の意味で、意識的に思い出す場合も、ふと思いだす場合にも両方使えます。「思い出せない」は「思い出すことができない」なので don't ではなく can't にしましょう。なお、冒頭に「正直」とあるので、出だしは Honestly, I can't remember. とした方が better。

ネイティブならこう答える!!

My first love was in elementary school! They were my best friend; sadly, I lost contact with them when their parents moved to New York.

「初恋は小学生の頃でした！　その人たちは親友でした。悲しいことに、彼らの両親がニューヨークに転勤になった時に音信不通になってしまいました」

解説

「小学生の時」は when I was in elementary school としなくても、in elementary school とすればOK。**接続詞の when を使うと「時期」がより強調される感じに。**lose contact with ～ は「～と連絡が途絶える；～と音信不通になる」。

If you want the real answer to that then we'd have to speak off the record!

「もしちゃんとした答えが欲しいなら、オフレコで話した方がいいかも！」

解説

答えたくない質問へのうまい返答例です。We'd have to … と would を使っているので、「そうしなければいけないことになるでしょう」と断定を和らげています。off the record は「非公式で；記録にとどめない；オフレコで」という意味の熟語。

The girl I met at my squash tournaments.
I hope she remembers me, too!

「スカッシュのトーナメントで会った女の子です。彼女も私のことを覚えてくれているといいんですが」

解説

The girl I met は The girl that I met のこと。**口語では that は省略される傾向にあります**。なお、she remembers me. には「私のことを思い出す」という意味も。どちらかは、前後の文脈から判断します。

ワンポイントアドバイス

この Chapter 全体に言えることですが、**プライベートな質問を聞くときは、相手との関係性が重要です。気心が知れた相手なら大丈夫ですが、そうでない場合は要注意。質問によってはハラスメントと取られる可能性もあります**。ただこういう話ができると相手との距離がぐっと近くなるので、表現を懐に忍ばせて頃合いを見て使えるようにしておくといいでしょう。

昨今は変わってきたとはいえ、諸外国に比べて日本では、相手の「年齢を聞く」ことについては、まだ抵抗が少ないように思います。英語圏ではNG。まずないと思っていいでしょう。**以下のような質問は一般的には控えた方が賢明です。**

How old are you?「何歳ですか？」

When did you graduate from college / high school?
「いつ大学／高校を卒業しましたか？」

When did you first start working?
「最初に働き始めたのはいつですか？」

また、**相手に自分の年齢を聞く、How old do I look?「私何歳に見える?」も日本人同士ではよく言いますが、止めておいた方がいいでしょう。**もし相手が答えることを不快に感じれば、ハラスメントになってしまいます。

このようにプライベートな質問については、相手を選んで、適切な場かどうかの判断が必要です。

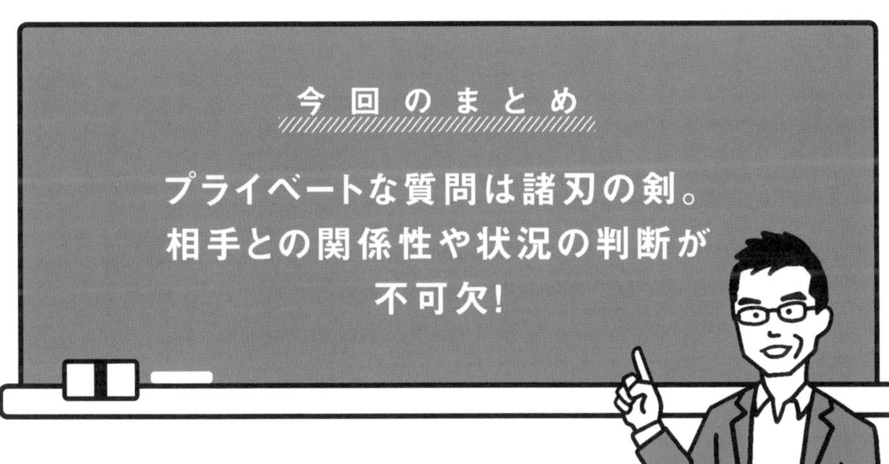

Chapter 7

04 What do you think is the difference between men and women in romantic relationships?

恋愛関係における男女の違いはどんなことだと思いますか?

あなたなら何て言う?

難しい質問です。自分が思う男性と女性の傾向について述べてもいいですし、「わかりません」でもOKです。その際、I don't know. や I'm not sure. ではない言い方も考えてみましょう。

日本人の回答例

I don't think there is much difference. It depends on the person, rather than gender, I guess.

「あまり違いがあるとは思いません。男女差というより個人差によると思います」

解説

違いはないと言いたいときの、模範的な返答です。**男女の性差を gender** という言葉を使って短い単語でうまく表しています。I guess は I think よりやや自信がないときに使えます。

Man is chasing dream, but women is chasing reality.

「男は夢を追い、女性は現実を追うかな」

解説

「男というものは夢を追うものだ」はMen chase their dreams. のように総称を表す複数形で、そして一般的な事柄なので現在形にしましょう。同様に「女性は現実を追う」ならWomen chase their reality. の方がいいでしょう。

ネイティブならこう答える!!

Aside from common generalizations, it depends on his or her preference.

「よくある一般化はさておき、個人の好みによると思います。」

解説

aside from ～ は「～はさておき；～は別として」、generalization は「一般化」の意味。depend on one's preference「好みによる」は、よく使われるのでひとまとまりで覚えるといいでしょう。ちなみに、「一般化する」と言う場合は generalize という単語を使います。It's hard to generalize, but …「一般化するのは難しいですが…」は決まり文句としてよく耳にする表現です。

I've got absolutely no clue, which is probably why I haven't always been successful in that respect.

「まったくわかりません。それでおそらく、その点（恋愛関係）においてはいつもうまくいかないのだと思います」

解説

have (have got) no clueで「見当がつかない；まったくわからない」。clue には「解決の糸口」という意味があり、no clue、つまり「解決の糸口がゼロ」から、I don't know. というよりも、「さっぱりわからない」という感じが出せます。in that respect で「その点では」という意味です。

In my experience, men tend to think mostly about physical qualities while women care more about mental qualities.

「私の経験では、男性は主として肉体面を気に掛ける傾向があり、一方で女性は精神面をより気に掛けます」

解説

While は対照を表す接続詞で「一方で…；…である一方」ということ。quality には「(ものに固有の) 本質；属性」という意味があります。

ワンポイントアドバイス

予想通り人によってさまざまな返答でしたが、イギリス人ネイティブが使った **I've got absolutely no clue.「まったくわかりません；さっぱりわかりません」は、どうしても答えが浮かばないときの返し**に使えるフレーズです。

さて、今回は恋愛でよく使う表現をご紹介します。

I'm seeing her on a regular basis.「彼女とお付き合いしています」

※ 付き合いが現在進行中のときに。see は「会う」、on a regular basis は「定期的に」。なお、「一年の間お付き合いしています」なら We've been together for a year. と言うこともできます。

She left me.「彼女に振られた」

※ leave は「～の元を去る」の意味。She dropped me. とも言えます。

We got back together.「私たちはよりを戻した」

※ get back together (again) で「よりを戻す」。break up なら「別れる」。

Let's just be friends.「友達のままでいましょう」

※ 別れを切り出すときのフレーズ。Let's take it slow. なら「あせらずゆっくり関係を築きましょう」ということ。

今回のまとめ

皆目見当がつかないときは、
I've got absolutely no clue.
で乗り切ろう！

Chapter 7

05 How do you usually get to know your boyfriend or girlfriend?

恋人とはたいていどうやって知り合いますか?

あなたなら何て言う?

友人との恋バナでこういう質問を一度はされたことがありませんか? 実は日本人とネイティブで答え方が異なる興味深い質問の1つ。方法を問う疑問詞 How を意識して回答してください。

日本人の回答例

I usually get to know my boyfriend at school or at work.

「たいていは彼氏と知り合いになるのは学校か職場です」

解説

ここは簡単に I usually meet my boyfriend としてもOK。meet には「知り合いになる」という意味もあります。「学校か職場で」のように「場所」を表すときは、点を表す前置詞 at を使います。

I met my husband at a university festival in Nagoya fifty years ago.

「50年前に名古屋にある大学の学園祭で夫に会いました」

解説

「学園祭」は大学の場合 a university / campus festival と言います。大学と言ってもたくさんあるので、その中の「とある大学の学園祭」ということで冠詞 a が付いています。

ネイティブならこう答える!!

It's not for everyone, I know, but going on a few short trips together has to be the best way, right?

「誰にでも当てはまるとは思っていませんが、一緒に何回か小旅行に出かけてみるのが一番いい方法ではないでしょうか」

解説

go on a trip で「旅行に出かける」の意味。**trip は「旅行」を表す最も一般的な語で、仕事や遊びの目的で使われ、行って戻ってくるという感じ**を含みます。一方、**travel は距離も時間も長い旅で、移動する行為**に重点があります。**journey は長期間で長距離の旅行**を意味し、行先はそれほど重要ではなく、sentimental journey「感傷旅行」のように**何か特定の目的があるとき**に使われます。使い分けについては、Chapter 3-03のワンポイントアドバイスも参照のこと。

Sharing similar interests. For example, travelling together helps really get to know one another.

「共通の趣味を共有することです。例えば、一緒に旅行することでお互いをよく知ることに役立ってくれます」

解説

出だしは (I usually get to know my girlfriend by) sharing similar interests. のカッコが省略された形。後半は**“主語＋help＋動詞の原形”という無生物を主語にしたもので、「主語のおかげで…するのに役立つ」の意味。**

Usually, we become friends first. I want to know someone really well before I commit myself to them.

「たいていは、まず友達関係になります。自分が入れ込む前に、じっくりとその人のことが知りたいんです」

解説

commit oneself to 〜 は「(人を)〜に専念させる」→「〜に専念する」ということ。be committed to 〜 という形でも用いられ、I'm committed to my girlfriend. なら、「彼女に専念している」→「彼女に入れ込んでいる」という意味になります。

ワンポイントアドバイス

どうやって知り合うかという問いに、日本人回答者は出会った場所を答えることが多く、一方ネイティブは全員が知り合いになる手段や方法といったプロセスを答えています。How … get to know? というフレーズが、知り合っていく過程を問う内容だからでしょう。

さて、ここでは英語らしい発想の無生物主語を紹介します。日本人にはなかなか思いつかない発想ですが、こういう見方ができると英語的思考がより身近になってきます。

Coffee wakes me up.
「コーヒーが私の目を覚まさせます」→「コーヒーを飲むと目が覚めます」

Winter brings snow here.
「冬がここに雪をもたらします」→「ここでは冬になると雪が降ります」

This Chinese medicine will help your headache.
「この漢方は頭痛を手助けします」→「この漢方薬は頭痛に効きます」

Your smile always makes me happy.
「あなたの笑顔はいつも私を幸せにします」
→「あなたの笑顔を見るといつも幸せな気持ちになります」

The result of the interview discouraged me.
「面接の結果が私をがっかりさせました」
→「面接の結果を聞いてがっかりしました」

今回のまとめ

恋バナは知り合いになったプロセスを話してみよう!

Chapter 7

06 What do you think is the secret to building a long-standing relationship?

ずっと長く続く関係を築く秘訣は何だと思いますか?

あなたなら何て言う?

すぐに答えられないときは、I think it's ～. と"～"の部分にconsideration for others「他人へのおもいやり」など思いついた単語を入れて言ってみましょう。

日本人の回答例

I think it's the spirit of give-and-take.

「それは譲り合いの精神だと思います」

解説

give-and-take は「持ちつ持たれつ」という意味で使える便利な表現。give-and-take relationship なら「持ちつ持たれつの関係」。なおここは the spirit of compromise「妥協の精神」でもOK。

Don't take anything for granted and never forget to say "thank you".

「何でも当然のことと思わないことと『ありがとう』を言うのを忘れないこと」

解説

grant は「～を許す」で、**take ～ for granted** は「許されていると考える」→「**～を当然のことと考える**」という意味になります。なお Don't で始めると強く聞こえるので、ここは Never taking anything for granted and forgetting to say "thank you" are the secret.「何でも当然のことと思わないことと『ありがとう』を言うのを忘れないことが秘訣です」と動名詞句を主語に立ててしまうのも手。

ネイティブならこう答える!!

Trust and communication are the key, I think. If you can't talk through misunderstandings, resentment will grow.

「信頼とコミュニケーションが鍵だと思います。誤解についてよく話合うことができなければ、憤りが生まれてくるでしょう」

解説

key は「鍵；秘訣」の意味。**talk through は前置詞 through があるので、「通過して通り抜ける」というイメージから、「～について最後までよく話し合う」というニュアンス**。resentment「憤り；恨み」が、どんどん大きくなってくるという意味で動詞 grow「育つ」を使っている点にも注目しましょう。

Not being too clingy! Respect each other's time to themselves.

「あまり粘着質にならないことです。お互いそれぞれの時間を尊重してください」

解説

clingy は「べたべた一緒にいる」ということ。なお、出だしの文ですが、元は Being too clingy (is the secret). の主語の Being too clingy「あまりに粘着質になること」が否定された形と考えられます。

It's essential to communicate your needs clearly and be a good listener, which might not come easy for most men!

「自分のニーズをはっきりと相手に伝え、良い聞き手になることが不可欠です。それは大方の男性には簡単なことではないかもしれません」

解説

communicate one's needs で「ニーズを伝える」。, which は関係代名詞の非制限用法で、話し言葉では前の文を受けて、「で、それはね」というつなぎの役割を担っています。なお、come easy の come は「結果としてある状態になっていく」というニュアンス。

ワンポイントアドバイス

長く続く関係の秘訣に関して、**日本人回答者は相手と自分（You and I）を考慮した上での発言が多いのに対し、ネイティブはいずれも自分（I）が中心で、相手にどのように働きかけるかという観点**からの回答であったのが興味深いところです。ここでも「集団主義」VS「個人主義」の違いが垣間見られますね。

さて、ネイティブの返答に前置詞 through が出てきました。前置詞には**核となるイメージ**があって、この核となるイメージから、下図のように「こんな意味A」「あんな意味B」「そんな意味C」へと意味が発展していきます。through の場合であれば、通り抜けた結果に焦点を当てて、**Are you through with the copier?**「コピーは終わりましたか？」のような**「物事の終了」**に、**She's been through a lot.**「彼女は人生いろいろありました」なら**「困難などを経た経験」**に発展してきたと考えられます。

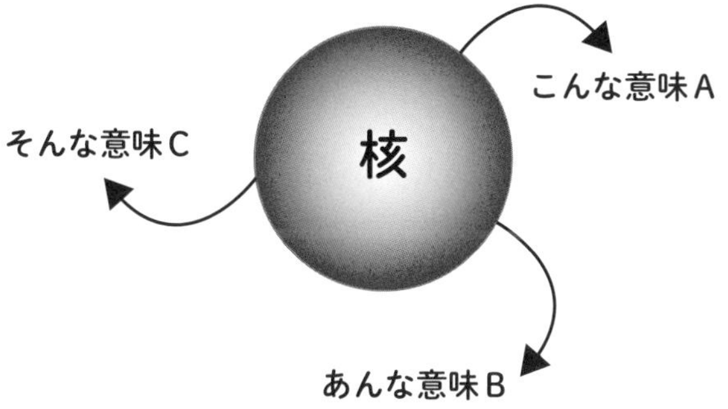

このように核となるイメージを押さえれば、一つ一つの意味を別々に暗記するよりも、**関連づけて覚えられることから、はるかに効率的に前置詞を理解する**ことができます。

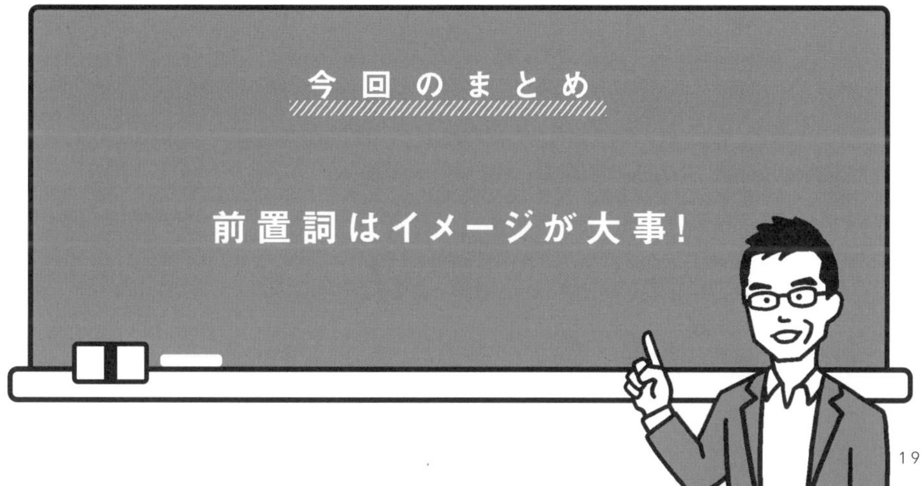

使いまわしがきく回答のまとめ集

ここでは、Chapter 7で出てきた質問の別回答を紹介します。英文で使われている語句や構文を活用して、自分バージョンの回答文を完成させましょう。

First of all, my boyfriend has to put me before everything.
「まず、彼氏は何より私を優先してくれる人でないといけません」

I always choose honest and generous men to go out with.
「いつも裏表がなく寛容な男性を選んで付き合います」

I grew up in a happy family full of laughter.
「私は笑いに満ちた幸せな家庭で育ちました」

Every time I fall in love, I feel like it's the first time. Don't you think so?
「恋する度にそれが初めてみたいに感じます。そう思いません？」

In general, women tend to recover faster after a relationship loss.
「一般に、別れた後、女性はより早く立ち直る傾向にあります」

When I get a broken heart, I try to share my feelings with someone I trust.
「失恋したら、信頼のおける人と感情を共有するようにしています」

I usually get to know someone online. But I get a little bit scared until I meet him in person.
「だいたい相手とはネットで知り合います。でも直接会うまではちょっと怖いですけどね」

It's important that men willingly accept women's selfishness and demand.
「男性は女性のわがままや要求を進んで受け入れることが大事です」

Chapter 8

日本について思うこと

Chapter 8

01 What Japanese dish do you recommend?

おすすめの日本食は何ですか？

あなたなら何て言う？

健康的な日本食が海外でもブームになっている昨今、こうした質問を受ける機会も多いはず。いくつかの日本食を味やその食べ方なども含めて説明できるようにしておきましょう。

日本人の回答例

I recommend Japanese Sushi.

「私のおすすめは日本の寿司です」

解説

英語では try「〜を試しに食べてみる」を使うことが多いので、I'd recommend trying Japanese Sushi. と言ってもいいでしょう。**I'd (= I would) とすると「もしできれば」という含みも入ってより丁寧に**響きます。なお、recommend の後ろは動名詞 trying にします。

I recommend Okonomiyaki and Gyoza. I sometimes serve these dishes for my family members.

「お好み焼きと餃子をおすすめします。時々家族にこれらの料理を出します」

解 説

日本にしかないものを説明するときは、相手の国にあるもので簡単に説明してもいいでしょう。「お好み焼き」なら Japanese pancake や Japanese pizza といった具合です。「餃子」は Chinese dumpling で、dumpling は「ねり粉をゆでた蒸し団子」のこと。なお dish には「(皿に乗っている) 料理一品」という意味もあります。

ネイティブならこう答える!!

I recommend tempura to other foreigners, because it is the most familiar dish for them to try.

「他の外国人には天ぷらをすすめます。というのも彼らにとって食べてみるには最もなじみのある料理だからです」

解 説

「天ぷら」 はそのまま tempura でも通じます。簡単に説明すると **deep-fried vegetables and seafood** となります。deep-fried は、動詞 deep-fry「〜を油で揚げる」の過去分詞で、ここでは形容詞的に使われています。なお、recommend は "recommend＋物＋to 人" の形で「人に (物) をすすめる」となることも覚えておきましょう。

Well, one of my all-time favorites is sesame seed tofu with a sweet sauce topping.

「そうですね、今まででで一番のお気に入りの1つは甘いソースがトッピングしてあるゴマ豆腐です」

解説

all-time favorite で「今まででで一番のお気に入り」。sesame seed で「ゴマ（種子）」の意味。sesame-seed oil なら「ゴマ油」のことです。with ～ topping で「～をトッピングしてある」となり、"～"に色々なものを入れることで、具体的な描写に使える便利な表現です。

Sashimi salad. Especially in seaside towns.

「刺身サラダです。特に、海沿いの町の」

解説

(I recommend) sashimi salad. のカッコが省略された形。towns と複数形になっているので、1つの町だけでなく、いろいろな町をイメージしていると考えられます。

ワンポイントアドバイス

今回の、日本人回答の返答で圧倒的に多かったのが「お寿司」です。日本人にとっては、おすすめの日本食といえば、寿司が真っ先に頭に浮かぶようです。**一方、ネイティブはまさに人それぞれ（It depends on the person.）**。日本通の人ばかりだからかもしれません。

ここでは代表的な日本食をいくつかご紹介。説明する機会も多いので、すぐに英語で言えるようにしておきましょう。

焼き鳥　**Japanese-style grilled chicken**

※ grilled は「焼いた；あぶった」の意味。

明太子　**spicy cod roe**

※ spicy「ぴりっとする」、cod「タラ」、roe「魚の卵」。roe の発音は「ゥロウ」。

牛丼　**a bowl of rice with sliced beef**

※ sliced は「細く切った」。これに The beef is flavored with soy sauce and sugar.「醤油と砂糖で味付けされた」を加えれば perfect。

生姜焼き定食　**a set meal that includes a ginger stir-fried pork**

※ ginger は「生姜」、stir-fry は「炒める」。

とんこつラーメン　**noodles in a rich, pork based soup**

※ rich は「こってりした」、pork based は「豚をベースにした」。

ちなみに英語で「いただきます」は Let's eat. で、「ごちそうさまです」なら Thank you. That was a nice meal. でいいんです。意外と簡単でしょ!?

今回のまとめ

おすすめの日本食を３つくらいは英語で言えるようにしておこう!

Chapter 8

02 Where would you recommend I visit in Japan?

日本で行くならどこがおすすめですか？

あなたなら何て言う？

日本人とネイティブとでおすすめの場所の傾向が異なる興味深い質問です。一般受けする観光地でもいいですが、あなただけのお気に入りスポットを紹介してみるといいかも!?

日本人の回答例

I recommend going to Kanazawa where you can enjoy Japanese traditional arts and delicious food.

「金沢に行くことをおすすめします。そこでは日本の伝統芸術や美味しい食べ物が楽しめます」

解説

recommend の後は動名詞を置けるので、ここは **going でOK**。where は**関係副詞**で後ろには文が続きます。また、「日本の伝統芸術」は traditional Japanese arts という語順になります。

I would recommend Kyoto or Nara for history buffs. For those who love Japanese subculture, Harajuku or Akihabara would be the place to visit.

「歴史好きなら京都か奈良をおすすめします。日本のサブカルチャーが好きな人なら、原宿や秋葉原が行くにはいい場所だと思います」

解説

うまい説明です。**I would recommend と would を入れることで、「あえておすすめするとすれば」という控えめ感**が出ます。buff は口語で「熱心な愛好家；ファン」。また、those who … で「…する人々」という意味になります。

ネイティブならこう答える!!

Off the beaten track – volcano trekking and superb hot springs in Kyushu.

「人里離れたところです。例えば九州の火山トレッキングやすばらしい温泉など」

解説

off the beaten track で「人里離れた；ひと気のない」の意味。海外の人はこういうところを好むのですね。類似表現に **a good out-of-the way spot「穴場」** というのもあります。the way が「メインの道」。out of は「そこから外れた」で、good spot は「いい場所」ということ。**場所をおすすめするときに使える表現なので覚えておくと役立ちます。**

There are great places to see anywhere in Japan but getting off the beaten track isn't a bad idea.

「日本では至る所に見るべき素晴らしいところがありますが、人里離れたところに行くのも悪くない考えですよ」

解説

ここでも off the beaten track が使われています。the beaten track とは「人がよく通って踏み固められた道」のこと。そこから get off「離れる」で「人里離れる」の意味に。not bad は英語では「かなりいい；かなりいける」になるので注意。

I would recommend visiting Matsumoto! There is a unique castle there, and also many art museums.

「松本に行くことをおすすめします！　そこにはユニークなお城があって、たくさんの美術館もありますから」

解説

控えめな提案の感じを出すため、日本人回答者と同様に I would recommend を使っていますね。

ワンポイントアドバイス

日本人のおすすめの場所は、誰もが知っている場所が多いのに対し、ネイティブは、誰もが知らない off the beaten track を選ぶ傾向が強く見て取れます。これを参考に、あなただけの場所を探しておくといいかも!?
今回は、the beaten track のような、日本人の英語学習者が使いにくい

“過去分詞（＝形容詞）＋名詞”の組み合わせからなるフレーズをご紹介しましょう。

a scripted program「やらせ番組」 ※ script「〜の台本を書く」の過去分詞。

a broken heart「失恋」 ※ break「〜を壊す」の過去分詞。

a written apology「始末書」 ※ write「〜を書く」の過去分詞。

a seasoned actor「ベテラン俳優」 ※ season「〜を習熟させる」の過去分詞。

a stuffed animal「動物のぬいぐるみ」 ※ stuff「〜に一杯詰める」の過去分詞。

a fixed salary「固定給」 ※ fix「〜を固定させる」の過去分詞。

frozen food「冷凍食品」 ※ freeze「〜を凍らせる」の過去分詞。

drunk driving「飲酒運転」 ※ drink「〜を飲む」の過去分詞。

specialized knowledge「専門知識」 ※ specialize「〜を専門化する」の過去分詞。

今回のまとめ

おすすめスポットは、あなただけのとっておきの場所を紹介しよう!

03 What kinds of social issues does Japan have now?

日本には今どんな社会問題がありますか?

あなたなら何て言う?

社会問題と言っても、それこそ「少子化」「コロナなどの感染症」「いじめ」「年金」など、人によってさまざまでしょう。そこで自分の身の回りで関心のあることは何かを考えて述べてみましょう。

日本人の回答例

I think that one of the social issues in japan is the widening gap between rich and poor in the younger generation.

「日本における社会問題の1つに、若い世代でますます広がる貧富の差があると思います」

解説

one of the ～「～のうちの1つ」は後ろに複数名詞をとりますので issues に。惜しいのは、rich and poorです。ここは「富める人」と「貧しい人」という名詞なので、the rich and the poor と"the +形容詞"の形にします。

Now Japan has fewer newborn babies and increase old man.

「今の日本は少ない新生児と増える老人を抱えています」

解説

ここの increase は形容詞の働きがある increasing に変える必要があります。ただ、**こういうときは「少ない新生児」「増える老人」を、それぞれ declining birthrate「低下する出生率」→「少子化」、growing elderly population「高齢者の増加」のように名詞句に変えるとグッと英語らしくなります。** Now Japan has the issues of declining birthrate and growing elderly population. のようにしましょう。

ネイティブならこう答える!!

The gender gap is and always has been an issue which just doesn't seem to be getting any better.

「男女格差が今でも、そしていつも問題であり、一向に良くなるようには思えません」

解説

is and always has been 〜 の時制に注目です。"現在形＋現在完了形"を使っているので、「今も、そして今までもずっと」ということで、一種の定型表現として使われます。get any better の **any は否定文で使われると「少しも〜でない」** で、betterを修飾して「少しも良くなっていない」という意味になります。

Japan still suffers from a lot of xenophobia. There is still a lot of discrimination in housing. It is very difficult for foreigners to rent in some areas.

「日本は未だにかなり外国（人）嫌いを患っているようです。住宅でまだ差別がかなりあります。地域によっては外国人が賃貸で家を借りるのがとても難しいです」

解説

xenophobia とは精神医学用語で **「外国(人)嫌い；外国(人)恐怖症」** の意味。日常でも普通に使われます。「ゼノフォウビア」と発音。discrimination は「差別」。日本もグローバル化の影響でかなり外国人に対しての差別が減ってきたように見えますが、まだこういう思いをしている人がいるのですね。I feel so sorry for them.「とても気の毒に思います」。

Job security is not what it used to be.
Japan's aging population will require further opening to immigration.

「雇用保障が昔ほどはよくありません。日本の人口の高齢化によって、さらに移民に対して門戸を開く必要が出てくるでしょう」

解説

job security で **「雇用保障」**、**aging population** で **「人口の高齢化」の意味。このように名詞句にすることで、説明が長くなりそうなことをコンパクトにまとめることができます**。not what it used to be は「昔そうであったものではない」→「昔ほどよくない」という意味の定型句。further opening to ～ は「～へのさらなる開放」。

ワンポイントアドバイス

日本が抱えている問題については、日本人回答者の多くが「少子化(declining birtherate)」をあげる一方で、**ネイティブは** job security、xenophobia、gender gap と**人それぞれ異なる問題に関心がある様子**。その中から、ここでは「少子化」の話題のときに使える関連表現を取り上げたいと思います。

The number of newborns is going down.
「新生児の数が減少しています」

Japan is a "super-aged" nation.
「日本は超高齢化国家です」

More than 20% of its population is older than 65.
「人口の20%以上が65歳以上です」

To keep the population from dropping, the Japanese government introduced measures to make preschools and day-care services free.
「人口の減少を食い止めるため、日本政府は幼保無償化の対策を導入しました」

※ preschool は「幼稚園」、day-care service は「保育」。

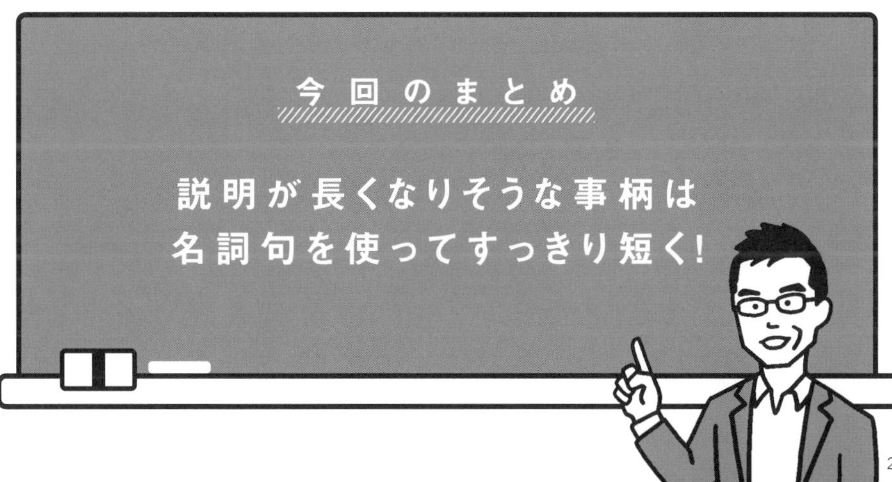

Chapter 8

04

Why do you think Japanese anime is so popular around the world?

日本のアニメはなぜ世界中でそんなに人気があるのだと思いますか？

あなたなら何て言う？

今や日本文化の代名詞となったアニメ。もしかしたらネイティブは日本人とは異なる視点でアニメを捉えているのかも。そうした背景を汲み取ると、気の利いた回答が思い浮かぶかもしれませんよ。

日本人の回答例

Japanese anime has a story like a drama and it's a kind of works of art. That's why.

「日本のアニメにはドラマのような筋書きがあり、一種の芸術作品なんです。それが理由です」

解説

確かにアニメは **works of art「芸術作品」** ですね。「作品」と言うときは works になります。That's why. は前の文を受けて、「それが理由です」と言う場合に使います。

I don't know for sure, but my wild guess is that storylines appeal not only to children but also to adults.

「はっきりとはわかりませんが、当てずっぽうで言えば、話の展開が子どもだけでなく大人にもアピールするからだと思います」

解説

なかなかいい返答です。**a wild guess は「かなりでたらめな推測；当てずっぽう」**のこと。Take a wild guess. と言えば、「適当でいいから当ててみて」と相手に推測させるときに使います。not only A but also Bは「AだけでなくBも」という表現。also はしばしば省略されることも！

ネイティブならこう答える!!

It's unique and one way to learn more about Japanese culture. Comics and costume events appear to be very popular abroad as a cultural export.

「ユニークだし、日本文化についてもっと学ぶ1つの方法だからです。文化輸出として、マンガやコスプレイベントは海外でも大人気のように思われます」

解説

unique「独特の；無比の」という単語には、「他と違って唯一の」というプラスのイメージがあります。「コスプレイベント」は costume events で表現できます。マンガやコスプレイベントを cultural export「文化輸出」という視点で見ているのですね。

Perhaps because it's just so iconic of contemporary Japanese culture and easily accessible anywhere.

「たぶん、現代日本文化のまさに象徴で、どこでも容易に手に入るからでしょう」

解説

iconic は「象徴の」ということで、「アイコニック」と発音。contemporary Japanese culture で「現代日本文化」の意味。easily accessible は「簡単に手に入る；容易に入手が可能である」ということ。

I think people like it because it is visually very different from American cartoons, and also offers a glimpse of Japanese culture.

「人々は日本のアニメが好きだと思います。というのも視覚的にアメリカの漫画とはかなり違っているし、日本文化を垣間見ることができるからです」

解説

cartoon とは「（一コマ、ストーリーのある）漫画」、あるいは「（時事問題などの）風刺画」のこと。a glimpse of 〜 で「〜をちらっと見る；〜を垣間見る」。

ワンポイントアドバイス

日本アニメが人気である理由についての考えも人それぞれですが、日本人回答者は、その中身について述べている一方で、**ネイティブ回答者は全員が Japanese culture「日本文化」という用語を使い**、その絡みで回答している点は注目に値します。

ところで、今回日本人回答者が使った a wild guess ですが、この wild には「でたらめの；見当違いの」という意味もあります。こういう意外な意味を持つ単語は知識として知っていないと思いつきません。以下に口語でよく使われる類似例をあげてみます。

I don't buy it.「私は信じません」
※ buy「～を信じる；～を受け入れる」。この一文は I don't believe it. と同じ意味。

It's your call.「それはあなたが決めること」
※ call には「決定」という意味も。It's your decision. と同じ。

What's eating you?「何を悩んでいるの？」
※ eat「（進行形で）～を悩ませる」。What's bothering you? と同じ。

What's your take?「あなたの見解は？」
※ take「（名詞で）見解；意見」。この一文は What's your opinion? と同じ意味。

What's the catch?「何か裏でもあるの？」
※ catch には「罠；落とし穴」の意味が。

いずれの表現も映画やドラマなどにもよく出てきますので、耳にしたときは「あっ！」と、思い出してみてください。

今回のまとめ

アニメの話題は Japanese culture「日本文化」を使って他国と比較してみては？

Chapter 8

05 Why do they serve a starter in Japanese-style bars without asking?

なぜ居酒屋では注文してもいないのに、お通しが出てくるのですか？

あなたなら何て言う？

当たり前すぎてあまり考えたことがないのでは？　でもけっこう聞かれる質問なんです。「慣習」「おもてなし」「前菜としての役割」などを理由として回答を考えてみてください。

日本人の回答例

It's a Japanese custom and Japanese hospitality mind.

「それは、日本の慣習とおもてなしの心ですね」

解説

custom とは、長期の間に定着した社会的な「慣習」のこと。「おもてなしの心」は、the spirit of hospitality「おもてなしの精神」ですが、ここは a Japanese custom and hospitality とすっきりさせてもOK。**英語は同じ単語の使用を嫌う上に、特に会話では短く伝えられるならそちらの方を好むためです。**

There are various theories for that. Some say it is a cover charge and others say it is to stimulate your appetite.

「それには諸説あります。席料だという人もいれば、食欲を刺激するためのものと言う人もいます」

解説

There are various theories. で「いろいろな説がある」。**cover charge** とは、**「(レストランなどの) 席料」** のこと。海外では席に着くだけで料金がかかるところもあります。Some say 〜 and others say … は「〜と言う人もいれば…と言う人もいる」という構文です。

ネイティブならこう答える!!

It's part of the "table charge", served as an appetizer.

「前菜として出されるテーブル・チャージの一部です」

解説

table charge とは、カバーチャージと同じようなもので**「レストランやナイトクラブで、飲食の他に1つのテーブルに着くことで発生する料金」**のこと。appetizer は「前菜」のことで「アパタイザー」と発音します。

I guess that can be part of the table charge in some places or it might just simply be a courtesy to customers.

「ある場所ではテーブル・チャージの一部ということでもあると思います。あるいは、単なるお客様への丁寧なもてなしかもしれません」

解説

この **can** はいつもではないが **「時にはあり得る；そういうことがある」という可能性**を表しています。courtesy で「丁寧なもてなし」という意味。

A healthy custom. Places can introduce items that go well with various drinks and makes it less likely the alcohol will go straight to your head.

「健全な習慣です。さまざまな飲み物と合う料理を紹介しています。そしてアルコールがすぐ回ってしまわないようにしているんです」

解説

この healthy は「健全な」の意味。ここでも **can「…できる」が使われていますが、これは状況的に可能のニュアンス**。item は「(出される)料理」。go well with 〜 で「〜と合う」ということ。後半は less likely (that) the alcohol will go 〜 という形で、that 以下のことが「ありそうにない；起こりそうにない」ということ。go straight to your head は「直に頭に向かう」→「すぐに（アルコールが）回る」という意味です。

ワンポイントアドバイス

居酒屋のお通し（a starter）のシステムに納得がいかない旅行者は意外と多く、頼んでもないのに勝手に出てきて、お会計に含まれているところが腑に落ちないようです。それをネイティブは table charge という言葉を使って説明しています。ここでは居酒屋で使う表現を紹介します。

Let's start off with beer.「とりあえずビール行きましょう！」

※「私はまずはビールで」なら I'll start off with beer. となります。

Let's make a toast!「ではカンパーイ！」

※ Cheers! でもOK。

Mmm, the first gulp is really good.

「うーん、最初の一口がたまらない」

※ gulp は「ごくりと一飲み」という意味。「ガウプ」のように発音。

I may be a little tipsy.「ちょっと酔っちゃたかも」

※ tipsy は「ほろ酔いの」。「ティプスィ」と発音。他にも、I'm drunk.「酔っぱらった」、I'm wasted.「べろんべろん」、I feel like throwing up.「吐きそう」など。

今回のまとめ

「お通し」の説明は It's part of the table charge. でOK!

Chapter 8

06 In winter, why do many people wear a mask in Japan?

どうして日本では冬になるとマスクをしている人が多いのですか？

あなたなら何て言う？

花粉症対策や風邪予防だけでなく、コロナウイルス対策の必需品として、マスクの出番が増えています。日本はマスク文化がいち早く浸透した国なので、この手の質問への回答を用意しておきましょう。

日本人の回答例

Japanese people do not want to bother other people.

「日本人は他人に迷惑をかけたくないからです」

解説

この後に具体的に「何に対して」という一言があるといいでしょう。例えば They don't want to spread cold germs around.「風邪のウイルスをばらまきたくないからです」といった具合に。

Because I don't want to get a cold and give it to anyone else.

「なぜなら自分が風邪をもらいたくないし、他人に移したくないからです」

解説

風邪を「もらう」「移す」を get と give でうまく表現しています。日本語に引きずられると難しいですが、英語では get や give で簡単に表せます。なお、質問は many people と聞いているので I ではなく、they を使って they don't want to get a cold and give it to others. と答えた方が better。

ネイティブならこう答える!!

Mostly people wear a mask as a courtesy to protect others when they are sick and still going to work or school.

「たいていは、病気でも仕事や学校に行く際、他人を守るために礼儀としてマスクを身につけています」

解説

マスクは身につけるものなので、wear a mask と動詞 wear を使います。なお、**一時的に身につけている状態なら I'm wearing a mask と進行形に。**「今身につけている」という動作なら I'm putting on a mask. になります。この文脈での courtesy は「礼儀；丁寧な行動」という意味。

Aside from protection against catching or spreading colds, there are so many reasons. But sometimes it's just to keep off the chill.

「風邪を引いたり、広めたりを防ぐ以外に、他にとてもたくさんの理由があります。しかし、時にはただ寒さを防ぐためだけの理由です」

解 説

aside from ～ で「～を除いて；～を別として」。keep off ～ で「～を寄せつけない；～を防ぐ」という熟語。chill は「寒さ」や「冷気」のこと。

If it helps prevent spreading the flu … why not?

「もし（マスクをすることで）インフルエンザの広がりを防げるなら…どうしていけないの？」

解 説

prevent は、あらかじめ予防手段を講じ発生を防ぐということ。"prevent …ing"と動名詞句を続けて、「…することを防ぐ；…することを予防する」の意味。the flu で「インフルエンザ」を表します。**Why not? は、気持ちの上では「いや、いいはずだ」というニュアンス**が含まれています。

ワンポイントアドバイス

コロナ禍で当たり前になったマスク。日本人はマスクをつける人の割合が他国に比べて目立って多いと言えます。純粋にウイルスから身を守る、人に移さない、花粉症対策という健康上の理由の他、お化粧をしなくても済むという日本独特の事情もあるようです。

さて、マスク以外に、来日した外国人観光客からよく聞かれる“あるある”の質問を一問一答形式で上げてみます。

Why do Japanese people make a slurping noise while eating ramen?
「日本人はラーメンを食べるとき、なぜすする音を立てるのですか？」

It helps cool the noodles down.
「熱い麺類の温度を下げられるからです」
※ slurp は「音を立てて食べる（こと）」。「スラープ」と発音。

Why do a lot of people sleep on the trains in Japan?
「なぜ日本では電車の中で寝る人が多いのですか？」

People are tired from hard work and long commutes. Besides, Japan is relatively safe and getting pickpocketed is very rare.
「仕事がきつく通勤時間も長く疲れているからです。さらに日本は比較的安全で、スリに遭うこともめったにないからです」
※ pickpocket は「気づかないうちに盗み取る」。theft「窃盗」とも言い換えられます。

Chapter 8 日本について思うこと
使いまわしがきく回答のまとめ集

ここでは、Chapter 8で出てきた質問の別回答を紹介します。英文で使われている語句や構文を活用して、自分バージョンの回答文を完成させましょう。

● 和食を語る際に知っておきたい【味覚】を表す言葉

さっぱりした	**refreshing**	こってりした	**rich**
酸っぱい	**sour**	あっさりした	**light**
噛みごたえがある	**chewy**	香辛料が効いて辛い	**spicy**
脂っこい	**greasy**	繊細な	**delicate**
パリっとした	**crispy**	カリっとした	**crunchy**

● 日本の「なぜ」一問一答

Why are Japanese people interested in blood type?
「なぜ日本人は血液型に興味があるのですか？」

― In Japan, there is a belief that personalities can be told by blood type.
「日本では性格を血液型で判断できるという考えがあるからです」

Why do so few Japanese wear a kimono?
「なぜ着物を着ている日本人はとても少ないのですか？」

― People usually wear a kimono only on special occasions such as tea ceremony or New Year.
「普通はお茶会や新年などの特別な行事のときにしか着物を着ません」

Chapter 9

私の意見・イマジネーション

Chapter 9

01 Is there anything that you think you couldn't live without?

これがないと生きていけないと思うものはありますか?

あなたなら何て言う?

大げさに考えすぎないで、生活で無いと困るものをあげてみるといいでしょう。実際はあるのに「もしなかったら…」と想像する場合は、仮定法を使って言ってみましょう。

日本人の回答例

Reading book, watching movie, listening and playing music.

「本を読んだり、映画を見たり、音楽を聞いたり演奏したりすることです」

解説

book や movie は数えられる名詞なので、reading books、watching movies と総称を表す複数形の方が better。また、listen は自動詞なので前置詞 to をつけて listening to にしましょう。

I absolutely need delicious and fresh air.

「私に絶対に必要なのはおいしい、そして新鮮な空気です」

解説

英語では fresh air だけでも「おいしい空気」の意味を表せます。あるいは、The air is の後に cool and nice「冷たくて心地いい」や crisp and clear「シャキッと澄んだ」と続けるなど、二語を重ねた言い方をよくします。

ネイティブならこう答える!!

I definitely could not live without music!
I listen to music every day, and write it, too.

「音楽なしでは絶対に生きていくことができないでしょう！　音楽を毎日聴くし、作曲したりもしてます」

解説

前半は could があるので仮定法の文。「(もし音楽が存在していなかったら) それなしでは絶対に生きていくことはできないだろう」ということ。学校で習う教科書的な英語なら If it were not for music, I definitely could not live without it. に。ただし、**日常会話では文脈から容易にわかる上、だらだら感が出てしまうので if 節は省略されるのが普通**。

Chilled beer after a nice long soak at the bath house.

「銭湯でゆっくりつかった後の冷えたビールです」

解説

chill は「〜を冷やす」から chilled beer は「冷やされたビール」、すなわち「冷えたビール」のこと。a nice long soak「（風呂などに）ゆっくりとつかること」は、日本のお父さんも大好きなセリフですね。

I definitely could not do without my Mac. I spend most of my day on it right now and can't image life without it.

「私のMacなしでは絶対に生きていくことができないでしょう。今は一日のほとんどをそれに費やしますし、それがない生活は想像できません」

解説

Mac とは Macintosh のこと。ここも前半部分は could が使われていることから仮定法の文です。spend most of my day on 〜 で「一日のほとんどを〜に費やす」の意味。

ワンポイントアドバイス

Chapter 3-05でも出てきた仮定法は、**事実に反することや、願望、または実際にはあり得ない未来を仮定するときに使う**のでしたね。日本人が最も苦手とする項目の1つですが、日常会話では実によく使われています。使いこなせると表現力が格段に上がりますので、再度ここで取り上げたいと思います。以下の文を見てください。

You could find another job easily.
「あなたならすぐに別の仕事を見つけることができるでしょう」

コロナの影響で失業してしまうかも、と不安がっている同僚との会話で発した一言。

会話では「もし…なら」という条件を設定する if 節は省略してしまうのが普通で、ここも If you lost your job「もしあなたが失業したとしても（実際はしていないけど）」は、会話上の文脈から言わなくても当然わかることなので省略しています。
そして、can ではなくて過去形の could を使っているのは、時制をずらして過去形にすることで、「今から話すことは現実のことじゃないよ」という現実からの「距離感」を出すためです。

この「距離感」が、「現実にある；現実に起こる」という可能性を薄め、現実とはかけ離れた、実際にはありそうもないこと（反事実）、実現しそうにないこと（願望）といったことにつながっているわけです。これが「仮定法」の感覚です。

今回のまとめ

反事実や願望は「仮定法」の出番。文中で could や would を見たらまず仮定法を疑え!

Chapter 9

02 If you could live anywhere, where would you like to live?

どこにでも住めるとしたら、どこに住みたいですか？

あなたなら何て言う？

日本国内、海外問わず住んでみたい国や地域をその魅力と一緒にあげてみましょう。質問が仮定法なので、対応する答えもそれを意識したものに！

日本人の回答例

I would like to live in a villa surrounded by forests.

「森に囲まれた邸宅に住みたいです」

解説

質問が仮定法の文なので、返答も I want to … ではなく、**I would like to** … にしている点に注目しましょう。**可能性の低い願望になっていて、その分遠慮がちで控えめ**に聞こえます。実は、would like to … は**「叶うとは限らないけど、もし叶うなら」という仮定法と関係があるん**です。villa は「別荘；邸宅」の意味。

I would like to live in New Zealand.
It is said to be a safe and pro-Japan country.

「ニュージーランドに住みたいです。安全で親日的な国だと言われていますから」

解説

間違いではありませんが、It is said to be 〜 だと硬く聞こえるので、People say 〜「世間では〜と言われている」を使って、People say it's a safe and pro-Japan country. にしましょう。**pro-Japan で「親日の」という意味。**ちなみに anti-Japan なら「反日の」、anti-Japanese sentiment で「反日感情」となります。

ネイティブならこう答える!!

There are so many beautiful places. Kyoto's nice, too. A beach front summer cabin back home in Canada would be tough to beat.

「とてもたくさんの美しい場所があります。京都もいいですね。故郷のカナダにある海岸線沿いの夏用別荘なんか最高です」

解説

ここでも **would が使われているので、「もし住めるとしたら」と仮定の気持ち**が含まれています。現実の世界から願望の世界へと頭の中でワープしているわけです。後半の文は beach front が形容詞的に summer cabin を修飾している形。tough to beat は「打ち負かすのが困難な」→「最高の；勝るものは何もない」という意味で使われます。

I'd probably stay in Japan, or go to Germany. I'd love to have a castle in Germany!

「おそらく日本にいるか、ドイツに行くでしょう。ドイツにお城を持てたらいいな」

解 説

仮定法を使った仮定の質問なので、I'd（= I would）で返答しています。**実際の日常会話で仮定法を使うときは would が一番多い**と言われています。

I've always wanted to live in Rome which for me has got to be the best place in the world.

「いつもローマに住みたいとずっと思ってました。私にとっては世界で一番いい場所に違いないです」

解 説

have wanted ～ と現在完了なのは、過去から現在までの時間の幅を表現したいためです。その後、先行詞である Rome を受けて、「そのローマというのは…」と関係代名詞の which を使って説明しています。本来 It has got to be the best place in the world for me. であったものを関係代名詞 which でつなげ、for me を強調するために前に出した形。

ワンポイントアドバイス

今回も仮定法のお話をします。質問でも If you could live anywhere と If 節の中で could を使い、その後 where would you like to live? と would を使った疑問文になっています。これで「もし仮に…できるとしたら、～ですか」という意味になり、日常でもよく耳にします。「そんなことは実際にはないだろうけど仮にあったら」という気持ちのときに使えます。

If you could be any person, who would it be?
「もし他の人になれるなら、それは誰ですか？」

If you could take a day off tomorrow, what would you do?
「もし明日、休みがもらえたら何をしますか？」

If you could have plastic surgery, what would you like to change?
「もし整形するとしたら、どこを変えたいですか？」

If you could play any instrument, which would you play?
「もしどんな楽器でも演奏できるとしたら、どれを演奏したいですか？」

What advice would you give yourself if you could speak to yourself 10 years ago?
「もし10年前の自分と話ができるなら、どんなアドバイスをしてあげますか？」

仮定法が使えれば、想像の世界さえも語れるだけに、会話の幅が無限に広がります。初めは難しいかもしれませんが、型さえわかれば意外と使いこなせるもの。頑張ってものにしましょう。

今回のまとめ

"If you could …, 疑問詞+would ～?"は無限の話題を提供してくれる!

Chapter 9

03 If you could meet any historical figure, who would you choose?

もし歴史上の人物で会えるとしたら、誰を選びますか？

あなたなら何て言う？

いろいろな答えが出てきそうなユニークな質問です。それだけ回答者の力量も問われますね。想像力を働かせて会いたい歴史上の人物とその理由を答えてみましょう。

日本人の回答例

**I would choose Marie-Antoinette.
She lived such a dramatic life of ups and downs.**

「マリー・アントワネットを選ぶでしょう。浮き沈みのあるドラマチックな人生を生きたからです」

解説

live a ~ lifeで「～な人生を送る」という意味。exciting / peaceful / smooth-sailing life「わくわくする／平和な／順風満帆な人生」のように、**「～」にいろいろな形容詞を入れることで多彩な意味を作り出せます。**a life of ups and downs で「波乱万丈の人生」ということ。

I'd like to meet Itō Jakuchū.
I want to know genius's daily life.

「伊藤若冲に会いたいです。天才の日常生活が知りたい」

解説

伊藤若冲を知らない人のために、**名前の後に一言 a famous Japanese painter of the mid-Edo period「江戸時代中期の有名日本人画家」のような補足を入れるといいでしょう。**「天才の日常生活」は what his typical day was like「典型的な一日がどのようであったか」や how he spent his typical day「典型的な一日をどのように過ごしたか」のようにする方が英語的。

ネイティブならこう答える!!

A family relative and famous Canadian explorer, Captain Bob Bartlett. I visited a museum about his expeditions in the Arctic. What a different world it must have been back then!

「親戚であり有名なカナダの探検家のボブ・バートレット船長です。彼の北極探検についての博物館を訪れました。その当時は今とはまるで別世界だったに違いありません!」

解説

explorer「探検家」、expedition「探検;遠征」、the Arctic「北極;北極圏」は探検の話にはつきものの語彙。最後の"must have+過去分詞"は、過去を振り返って「…だったに違いない;…したに違いない」と、確信を持って推量するときに使います。

I'd like to meet Mozart and find out what he thinks of music today. I think he'd make amazing contributions even to pop music!

「モーツアルトに会って、彼が今日の音楽をどう思っているかつきとめてみたいです。彼ならポップ音楽にでさえ、驚くような貢献をするんじゃないでしょうか」

解説

what he thinks of music today は what does he think of music today? が find out の目的語になっているので、語順が“what＋主語＋動詞”の形に変わっていることに着目してください。make a contribution to ～ で「～に貢献する」の意味。

That would probably be a toss-up between Jesus or Julius Caesar.

「おそらくイエス・キリストかジュリアス・シーザーのどっちかでしょうね」

解説

toss-up とは「勝敗を決めるための硬貨投げ」から**「五分五分の見込み」**という意味で、**英語圏の文化を反映した表現。**イエス・キリストかジュリアス・シーザーのどちらか自分の意志ではなかなか決められない、ということ。

ワンポイントアドバイス

そろそろ仮定法の感覚が何となくつかめてきたのではないでしょうか？ここでは、仮定法をどのように実際の会話の中で導入していけばいいのか、話の切り出しから終了まで、その持って行き方を説明します。感触をつかんでみてください。

① **Just imagine.**「ちょっと想像してみて」

※ 仮定法への前振りです。

② **You went to a music festival.**「音楽フェスへ行ったとして」

※ この went は「行った」という過去の話ではなく、仮定法過去の「（もし）行ったとしたら」で現在のことです。最初の Imagine が if の代わりになっています。

③ **A picture of the festival appeared in the headline of the Yahoo news.**

「そのフェスの写真が、ヤフーニュースのヘッドラインに載ったとして」

※ この appeared も上の例文と同じ。「（もし）現れたなら」の意味で現在の話になります。

④ **Then, your face happened to appear clearly in the photo.**

「そしたらたまたまあなたの顔がくっきり写真に出ていたら」

⑤ **How would you feel in this situation?**

「この状況でどんな気分になりますか？」

※ How do you …？ではなく How would you …？ですね。あくまでも仮定の話なので。

仮定法はこんな風に日常会話で使われています。

今回のまとめ

会いたい人がいるときは
仮定法を使おう!

Chapter 9

04

How do you think your life would be different if you were born the opposite sex?

今とは反対の性に生まれているなら、人生はどう違っていると思いますか？

あなたなら何て言う？

この質問も想像上の話をすることになるので、仮定法の出番です。助動詞の would や could、あるいは might を使って、頑張って文を組み立ててみましょう。

日本人の回答例

I don't think there would be much of a difference. I have always been me.

「大した違いはないだろうと思います。常に私は私ですから」

解説

not much of a difference で「大した違いはない」の意味。後半の文は現在完了を使っていて、まさにこの文脈にピッタリ。お見事！

I might be able to meet more people and have more experiences. I think I have an entirely different life.

「もっとたくさんの人に会うことができて、より多くの経験を積むことができるかもしれません。まったく違った人生を送っていると思います」

解説

前半の文は **might を使っていますが、これは would や could のように現在の仮定を表す（仮定法過去）文でも使えます。** 後半は仮定の話なので、「まったく違った人生を送っているだろう／送ることができるだろう」のように、I would / could have an entirely different life としましょう。推量「…だろう」なら would を、可能性「…できるだろう」なら could を入れます。

ネイティブならこう答える!!

That would depend a whole lot on where in the world I was living. I just can't imagine being a woman in some countries.

「（その質問については）世界のどこに住んでいるかに大いによるでしょう。国によっては女性でいることの想像がまったくつきません」

解説

a whole lot は、「たくさん；大いに」と強調したいときに。このように depend と on の間に入れると「大いに…による」となります。I just can't imagine being a woman.「女性でいることの想像がつきません」は、反対の性になっている自分の姿が想像できないときに使えるフレーズ。

Life would be so much easier if I were a guy. No discrimination, fewer fears about safety, and better pay!

「もし私が男性だったら人生はずっと楽でしょうね。差別もないし、安全上の心配も少ないし、それに給料ももっといいですから」

解説

be so much easier で「ずっと楽」の意味。この文は Life would ～, if I were … という形から仮定法の文だとわかりますね。本人は女性なので、男性というのは反事実だからです。その後の No discrimination 以下で、その理由を句の形で3つあげています。話し言葉ではよく見られるパターンです。

The reflection in the mirror would likely be an improvement.

「鏡に映った自分の姿が、おそらく良くなるでしょう」

解説

ユニークな回答です。would likely be … で「おそらく…だろう」という意味。an improvement は「良くなること；改善；向上」ということです。

ワンポイントアドバイス

「異性」のことを英語で the opposite sex あるいは the opposite gender のように言います。回答はまさに人によってさまざまです。ただし、**仮定の問いなので、ネイティブ全員が返答に would を使っていた点は見逃さないように**。なお想像できないときは、I just can't imagine being a woman / man. でも十分OKです。

ここでは「今とは反対の性に生まれているなら」の返答例をさらにいくつかあげておきます。

●「変わらない」と言いたいとき

I would be the same person.「同じ人間でいるでしょう」

I think my life would be more or less the same because my views and opinions would be the same.

「大方において人生は変わらないだろうと思います。というのも見方や意見は同じでしょうから」

●「変わる」と言いたいとき

Life would be more fun if I were born the opposite gender.

「異性に生まれていれば人生はもっと楽しいでしょう」

Life might be easier and less restricted.

「人生はより楽で、制限も少ないかもしれません」

My mentality might be a little different.

「精神構造が少し違っているかもしれません」

I would have amazing adventures and travel a lot.

「驚くような冒険やたくさん旅行をするでしょう」

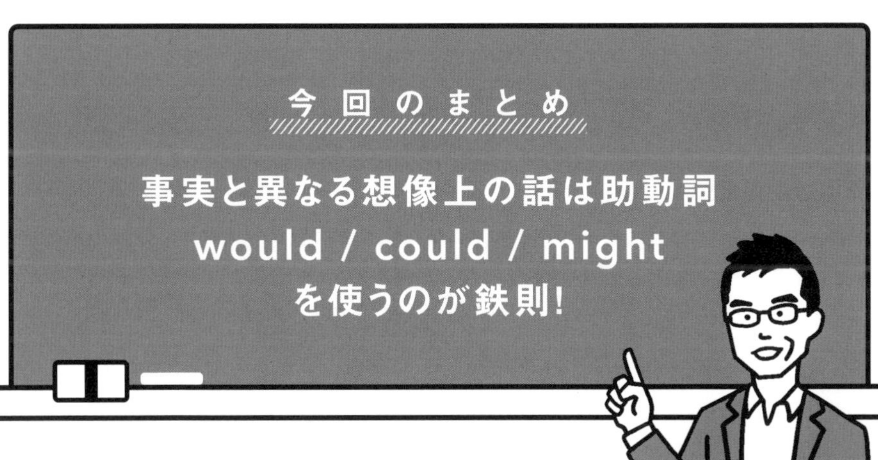

Chapter 9

05 Do you think social networking services are beneficial to our society?

社会にとってSNSは有益だと思いますか?

あなたならなんて言う?

SNSが有益か否かの立場を明確にして述べたいところ。普段からさまざまな考えに触れておくと、こうした意見を求める難易度の高い質問にも対応できるようになります。

日本人の回答例

Yes, but they are annoying things for me.

「はい、でも私には邪魔なものです」

解説

annoying は「いらだたせる；迷惑な；いやな」。**日本語の「うざい」という意味にも。**なお英語で「私には」と言うときは、they are annoying to me. か、annoy「～をいらいらさせる」という動詞にして、they annoy me. の方が自然です。

I think I need SNS but there are the merits and demerits.

「SNSは必要だとは思いますが、メリットとデメリットがあると思います」

解説

英語で「メリットとデメリット」と言うときは advantage and disadvantage が一番よく使われます。ここも there are advantages and disadvantages. とします。「メリットがデメリットを上回る」なら The advantages outweigh the disadvantages. となります。

ネイティブならこう答える!!

SNS are necessary for the spread of news, but they can also be easily manipulated by bad actors.

「SNSはニュースの拡散には必要ですが、悪い人物によって容易に操作される可能性もあります」

解説

SNS はここでは最後の S が services と複数形なので、動詞は are で受けます。manipulate は「～を（不正手段で）操る」という意味。また **actor には「行為者」**という意味も。この場合の can は「…する可能性がある」という意味で、可能性を表します。

They have their pros and cons, but I'm a bit old fashioned and use the postal service. Handwritten letters are a nice, personal touch.

「賛否ありますが、私はちょっと古臭い人間で、郵便を使います。手書きの手紙には暖かな人間味があります」

解説

pros and cons で「賛成と反対；賛否」の定型句。文脈によっては「メリットとデメリット」の意味でも使えます。old fashioned は「時代遅れの」、personal touch は「人間味；ふれあい；その人らしさ」という意味です。

I suppose so but like all new technologies it has its fair share of problems.

「そう思いますが、新しいテクノロジーすべてそうであるように、それなりに問題もあります」

解説

I suppose so. は I guess so. と同じで、相手におおむね同意するときに。**have one's fair share of ～ で「相応の～を持つ；それになりに～もある」**という意味になります。

ワンポイントアドバイス

ここではSNSのメリットとデメリットをあげてみます。SNSについて自分の意見を言う機会があればぜひ使ってみましょう。

● メリット（advantages）
SNS help me make friends with new people who share the same values.
「SNSのおかげで同じ価値観を共有する人と新しく友達になれます」

I can express my opinions to many people all over the world.
「世界中のたくさんの人に自分の意見を伝えることができます」

SNS enable me to keep relationships with people I can't often meet.
「SNSによって、普段なかなか会うことができない人との関係を維持することができます」

● デメリット（disadvantages）
Communication with people becomes more superficial.
「人とのコミュニケーションがより表面的になります」

It becomes easy to make insensitive comments.
「無神経な発言を簡単にするようになります」

I get stressed when people are slow in replying.
「相手の返信が遅いとストレスを感じます」

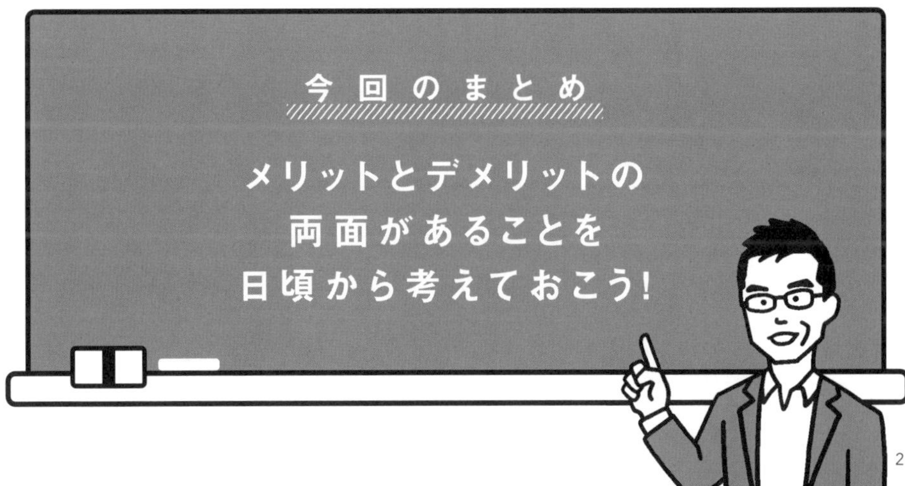

06 Do you really need to go to university to be successful in Japan?

日本では、成功するのに本当に大学に行く必要がありますか？

あなたなら何て言う？

成功に大卒の肩書が「いる」「いらない」の観点から、そう思った理由を述べてみましょう。もちろん決めかねる場合は、I can't say "Yes" or "No."「『イエス』とも『ノー』とも言えない」でもOKです。

日本人の回答例

Whether we go to university or not, studying hard to enter university is beneficial to our lives.

「大学に行く行かないにかかわらず、大学に入学するために一生懸命勉強することは私たちの人生にとって有益です」

解説

whether … or not は、「…であろうとなかろうと」のように相反する二択を表したいときに使われます。whether you like it or not なら「あなたがそれを好きであろうがなかろうが」。beneficial は「ためになる；恩恵がある」というニュアンス。

It depends on the meaning of success.
The current situation in Japan, I have to say "Yes."

「それは成功の意味によります。日本の現状を考えると、『はい、そうです』と答えざるを得ないです」

解説

the meaning of success で「成功の意味」という決まり文句。「日本の現状を考えると」は Considering the current situation in Japan のようになります。have to … を使っているので、周りの状況から考えて「…せざるを得ない」というニュアンスになります。

ネイティブならこう答える!!

For the average person, yes, I'd say so. But I know two people who didn't and they've been hugely successful. Times are changing.

「平均的な人にとっては、はい、と言うでしょうね。ただし、大学に行かず、大成功している2人の人物を知っています。時代は変わっていますよ」

解説

I'd say so. は I would と仮定法を使うことで、I say so. よりもはっきりとは言い切れないが、という感じになります。**times と複数形にすると「時代」の意味になります。**

Follow your heart. If that doesn't involve a university degree, then fine.

「心に従いなさい。もし大卒の肩書が必要ないと思ったら、それで結構」

解説

follow one's heart で **「心に従う；感じた通りに行動する」**。スタンフォード大学卒業式でのスティーブ・ジョブズによるスピーチでも have the courage to **follow your heart** and intuition「自分の心と直感に従う勇気を持とう」のように使われていました。involve は「～を必要とする」で、fine は「大丈夫」。

It certainly seems that way! Though it often seems like the deck is stacked against foreigners, no matter what degree we have.

「確かにそのように思われます。どんな学位を持っていても、しばしば外国人は不利な状況に置かれるように思えますが」

解説

the deck is stacked against ～「～は不利な状況にいる〔ある〕」は、元はポーカー用語の“stack the deck against ＋人”「人に不利になるようにカードを切る」から来た表現。no matter what … は「たとえどんな…であろうと」、degree は「学位」の意味。

ワンポイントアドバイス

日本での状況についての問いなので、ほとんどが Yes と答えていますね。ここでは、日本の学歴の話題で使えそうな、一文で表せるフレーズを、賛成（I agree.）、反対（I disagree.）の立場からご紹介しましょう。

● 賛成

Nowadays, you are not going anywhere without a university degree.

「今の時代、大卒の肩書がないとどうにもならないです」

In general, university graduates are often paid more than non-graduates.

「一般に大卒の方が、そうじゃない人に比べたいてい給料がいいです」

Employers might not think you are serious about your career without a degree.

「雇い主が、学位がないとキャリアに熱心だとは思わないかもしれません」

● 反対

University degrees are not worth as much as they used to be.

「大卒の肩書が昔ほど価値のあるものでなくなっています」

Depending on the industry, relevant experience is more important.

「業界によっては、業務に関連した経験の方がより重要です」

There are many successful people without a university degree.

「大卒の肩書がなくても成功している人はたくさんいます」

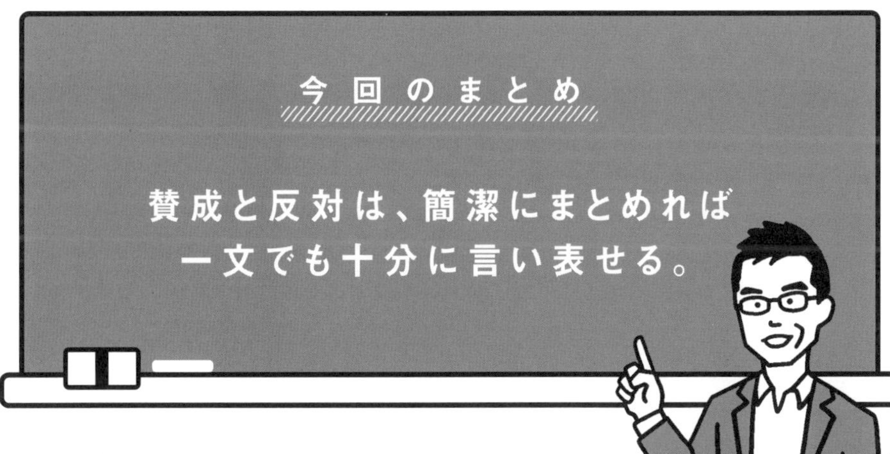

使いまわしがきく回答のまとめ集

ここでは、Chapter 9で出てきた質問の別回答を紹介します。英文で使われている語句や構文を活用して、自分バージョンの回答文を完成させましょう。

I can't live a day without music!
「音楽がないと一日も生きられないです！」

Warmed sake and Japanese traditional ballads in cold winter! There would be no substitute for these.
「寒い冬の熱燗と演歌！　これらに代わるものはないでしょう」

It would be great if I could live in a cottage in North Shore, Hawaii.
「ハワイのノースショアにあるコテージに住めたら最高でしょうに」

Absolutely Paris! There is everything I love there.
「間違いなくパリです！　私が大好きなものすべてがあるところです」

If I could meet Beethoven, I would like to hear Moonlight Sonata played live.
「もしベートーベンに会えたら、月光の曲を生で聴いてみたいですね」

If I were born a man, I would be a lot more adventurous.
「もし男性に生まれていたら、もっと冒険的でしょうに」

Social networking services are pretty beneficial for those who can take criticism in stride.
「批判を受け流せる人にとってSNSはかなり有益です」

In Japan, educational background still carries a lot of weight in society.
「まだまだ日本では学歴が物を言う社会です」

ダウンロード特典のおしらせ

最後まで読んでくださったあなたに特典のお知らせです。

実は紙面の都合で本書に入りきらなかった各質問の日本人回答が、他にもたくさんありました。このままお蔵入りさせるのはもったいないということで、その回答に解説を添えてまとめた回答集テキストを、本書の購入特典として無料でプレゼントいたします。

本書とあわせてたくさんの回答に触れることで、日本人がやりがちなミスがよりわかりますし、咄嗟に返せると気の利いた返事になるフレーズのストックができます。

特典テキストを通して、表現の幅をより一層広げることで、英語で「こころ」が伝わるコミュニケーションをするのに役立ててください。

特典テキストのダウンロードはこちら

https://deltaplus.jp/publishing/e2-9784909865021-tokuten/

ダウンロードページの QRコード

あとがき

最後までお読みいただきありがとうございました。

本書で取り上げた54のテーマについて何か言えれば、話題に困らなくなるはずです。ひと言ふた言でも返せればそれで十分。実際の日常会話も長い文よりは、短い意味のかたまりをお互いにポンポンと打ち返しながら、まるで卓球のラリーのように進んでいきます。ぜひ、本書で学んだフレーズや英語的なものの見方などを自分に関係のあることに落とし込んで、実際に使ってみてください。そして、「英語で言えること」を1つずつでいいので、着実に増やしていってください。

英語が使えると、間違いなく自分の世界が広がります。時に、普段経験できないような奇跡的なことに遭遇することもあるんです。

数年前ロサンゼルスに滞在した時、あるハリウッドツアーに参加しました。たまたま参加者は私と妻の二人だけ。そして出発後すぐ、ドライバーがラジオをつけた瞬間、マイケル・ジャクソンさんの曲が流れてきました。何を隠そう筆者、彼の大ファンで、過去来日した時、また来るだろうとコンサートに行かなかったんです。そしたら、お亡くなりになってしまい、人生最大の判断ミス、**That's the biggest mistake I've ever made in my entire life.** と、とうとうとドライバーにこんな調子で語ったんです。どうしても言いたかったんです。

そしたら彼が、「じゃあ、これからマイケルの家へ行きますか？」と。「えっ？　ほんと？ぜひぜひ！」と言うや否や、車の進行方向が一気に変わって、一路、山道をぐんぐんと上がっていき、高級な家々が立ち並ぶエリアに。そして、テレビで見たあのマイケルの自宅前に到着。

そこで車からは降りず窓を下げて、マイケルに自己紹介しました。テレビで、初めて彼がムーンウォークをしている姿を見た時の感動、かっこよすぎて稲妻が走ったこと。サンタバーバラにあるネバーランドの側を車で通った時に、敷地内に遊園地が見えてびっくりしたこと、などなど15分くらいでしょうか、彼への思いを話しました。

その後ドライバーが気を利かして、ノロノロ運転で彼の邸宅の周辺を回ってくれました。こんな一生忘れられないことが起きたのも英語が使えたからだと思います。

ぜひ皆さんも、英語とちょっとの勇気を持って行動してみませんか？　素晴らしいことが身に起きるかもしれません。少しでも本書がお役に立てれば嬉しく思います。

If you just communicate you can get by.
But if you skillfully communicate, you can work miracles.
Jim Rohn

「ただコミュニケーションするだけなら、なんとかできる。
でも、うまくコミュニケーションすれば奇跡を起こすことができる」

高橋基治

高橋 基治（たかはし もとはる）

東洋英和女学院大学教授。専門は英語教育。苦手意識が強い英語嫌いからTOEICで高得点を取るような上級者まで、豊富な指導経験を持つ。「楽しく、わかりやすく、ためになる」授業と評判。一般企業や教育機関からも講演依頼が絶えない。国連英検アドバイザー及び特A級面接官を務めるほか、英語ナレーターとしても活動するなどマルチに活躍中。著書には、『マンガでおさらい中学英語』シリーズ（共著、KADOKAWA）、『あなたは英語の形容詞と副詞の違いが説明できますか？』（プラグインアーツパブリッシング）、『ヒット曲で楽しく学ぶ英語』（共著、学研プラス）など共著を含め８０冊を超える。

そう言えばいいのか！ 2行でこころが伝わる英会話
2021年4月26日　初版　第1刷発行

著　者　　高橋 基治
発行者　　湯川 彰浩
発行所　　株式会社デルタプラス
〒107-0062
東京都港区南青山2-2-15　ウィン青山1214号
TEL　0120-112-179
FAX　03-5539-4838
https://deltaplus.jp/
印刷所　　シナノ書籍印刷 株式会社

ISBN 978-4-909865-02-1　C2082